섀도 워크 저널

섀도 워크 저널

THE SHADOW WORK JOURNAL

내 안에 숨겨진 무한한 가능성을 찾는 여정

카일라 샤힌 지음 | 제효영 옮김

푸른숲

전 세계에서 쏟아진 찬사

"부모님이 이 책을 읽으셨다면 얼마나 좋았을까. (…) 나는 작년 한 해 동안 치료와 함께 이 책에서 큰 도움을 얻었다. 책에서 다루는 주제와 길잡이 질문들, 간편하게 읽고 쉽게 이해할 수 있는 형식 모두가 좋았다. 대인관계에 도움이 되었다."

닐 파텔Neil Patel

"《섀도 워크 저널》은 무의식에 있는 생각을 의식의 영역으로 옮겨서 처리하고 치유를 도와주는 자료다."

심리학 박사, 트라우마 전문가 티샤 저긴스Tisha Juggins

"나는 중독에 시달리는 사람들, 극심한 트라우마를 겪은 사람들과 만난다. 이 책은 내가 하는 일에 중요한 자원이 됐을 뿐만 아니라 내 상담자들이 숨겨진 또는 억눌린 감정을 받아들일 수 있도록 도와준다. 개인적으로도 큰 도움을 얻었다!"

정신건강 분야 공인 전문 상담사, 멜리사 에젤Melissa Ezell

"나를 발견하도록 안내하고, 나와 새롭게 긍정적인 관계를 맺을 수 있게 도와준 책이다."

멜라니 가르시아Melanie Garcia

"마음 깊은 곳으로 들어가서, 현재의 삶에서 하는 선택들 속에 조용히 묻혀 있는 나의 무의식적인 기억, 고통, 실망감을 찾도록 이끌어준다. 이를 통해 더 건강한 선택을 하고, 마침내 치유되어 앞으로 나아갈 수 있도록 도와주는 책이다."

임상 사회복지사, 치료사 신디 오버던[Cyndi Oberdan]

"혁신적인 실용서다! 고객들과 상담하다 보면, 그림자와 만나게 해줄 길잡이가 꼭 필요할 때가 있다. 이 책에 소개된 방법과 젠풀노트[Zenfulnote]를 함께 쓰도록 안내하면 해묵은 방법들로 무수한 시간을 허비하지 않고도 내 제자와 고객 모두 각자의 그림자와 만날 수 있다."

신학 박사, 공인 상담가 니콜 시니스갈리[Nicole Sinisgalli]

"읽자마자 이 책에 담긴 핵심과 생각들이 내 고객들에게 어떤 도움이 될 수 있을지 바로 알 수 있었다. 세대 갈등으로 인한 트라우마에서 벗어나고 감정에 숨겨진 패턴을 찾아서 치유하려면 그림자의 뿌리를 찾는 과정이 꼭 필요하다. 쉽게 따라 할 수 있는 다양한 실천 방법을 담은 매우 실용적인 책이다. 이 책에 나오는 길잡이 질문들은 꾸준한 노력에 도움이 된다."

의학 박사 알다 세인포트[Alda Sainfort]

"《섀도 워크 저널》은 영혼의 심폐소생술이다. 나는 이 일기를 쓰면서 원래 열려 있던 문을 닫고, 새로운 가능성으로 가는 문을 열 수 있었다."

라쇼네 암스트롱LaShaune Armstrong

"내 고통을 이해하는 법, 내 감정을 자극하는 요소가 무엇이고 그게 왜 나를 자극하는지를 배웠다. 꼭 필요한 새로운 관점이었다. 이제 나는 내 고통과 지금까지 내가 거쳐온 일들을 온전하게 받아들일 수 있고, 무엇이든 헤쳐 나갈 수 있게 되었다. 모두가 이 책을 알아야 한다."

모니크 모에Monique Moe

"지난 7년간 꾸준히 그림자를 탐구해보니, 세상에 이것보다 더 중요한 일은 없다. 세상에 자기 내면의 평화를 유지하는 일보다 더 중요한 일은 없다."

매슈 도넬리Matthew Donnelly

"정말 많은 도움을 얻었다. 진심으로 이 책을 손에서 놓을 수가 없다! 평생 트라우마에 시달린 사람으로서 치유에 도움을 받았다."

멜린다 버크Melinda Burke

전 세계에서 쏟아진 찬사

차례

3　　　**그림자 탐구 일기: 길잡이 질문들**

4　　　**그림자 뿌리 찾기**

일러두기

'Shadow Work'는 일반적으로 '그림자 작업'으로 번역되지만, 이 책으로 인해 전 세계적인 트렌드어가 된 점을 고려해 제목은 원어 그대로 음차 표기한다. 다만 본문에서는 보다 의미에 부합하도록 의역해 '그림자 탐구'라고 쓴다.

선언

나, _____은/는 오늘부터 개인적인 성장과 수용을 위해 노력하기로 맹세합니다. 이 일기를 열린 마음으로, 성의 있게 작성할 것을 약속합니다. 나는 내게 상처받지 않은 부분도, 상처받은 부분도 있음을 인정하고 그 모든 부분을 받아들여 돌볼 것입니다. 나는 자기 성찰과 치유의 여정을 통해 내 그림자의 존재를 드러내고 그림자가 있던 곳에 더 밝은 빛이 비치도록 할 것입니다.

서명 _____

시작 날짜 _____

완료 날짜 _____

"자신의 그림자를 직시하는 법을 배우지 않는 한
다른 사람에게서 계속 그 그림자를 보게 될 것입니다.
왜냐하면 당신 밖의 세상은 당신 안의 세상을
반영한 것에 불과하기 때문입니다."

카를 융 Carl Jung

1

그림자 탐구에 관해

그림자 탐구 Shadow work 란?

그림자 탐구는 내가 모르는 나를 발견하는 일이다. 그림자는 개인의 특성 중 하나지만 스스로가 자아로 인식하지 않는, 무의식적인 면이다. 우리는 사회적인 상황이나 대인관계에서, 또는 불안감이나 슬픔을 느낄 때 그림자의 존재를 깨닫기도 한다.

이 무의식적인 마음에는 괴로운 사건들을 겪은 후 억눌러 놓은 감정이 담겨 있다. 이 감정은 충동적으로 행동하거나 원치 않는 패턴이 생기는 것과 같은 개인의 '어두운 면'을 유발한다. 그림자는 우리가 사회라는 틀 안에서 성장하고 그 틀에 자신을 맞추기 위해 잊고, 방치하고, 억누른 자신의 일부분이다. 어린 시절에 자신을 솔직하게, 있는 그대로 드러냈다가 거부당한 일들을 떠올려보자. 울음을 터뜨렸다가 그만 울라고 혼난 경험이나 수업 시간에 웃음을 주체하지 못해 선생님이나 친구들에게 따가운 시선을 받은 경험일 수도 있다.

우리는 무수한 방식으로 '나쁜 일'이라고 질책받거나 '착한 일'이라고 칭찬받는다. 그리고 그 경험들을 토대로 자기 행동을 조절하는 법을 배운다. 이 과정에서 억누른 내 일부분은 완전히 사라지지 않고, 무의식 안에 갇힌 채 남아 있다. 그림자 탐구는 스스로 억누르고 거부한 바로 그 부분을 발견하고, 받아들이고, 자신과 통합하는 과정이다. 《새도 워크 저널》에서 소개하는 기술들은 무의식의 저 안쪽까지 샅샅이 뒤져서 억눌린 감정을 찾아낸다. 그리고 그 감정이 현재의 행복에 미치는 나쁜 영향을 초월하도록 도와준다.

그림자 탐구의 목표는 무의식을 의식의 영역으로 옮겨서 자기 성찰과 수용을 시도하는 것이다. 누구나 자신의 그림자를 직접 탐구할 수 있으나, **적절한 자격 요건을 갖춘 정신건강 전문가의 도움을 받는 것도 좋은 방법이다. 심각한 트라우마가 있거나 학대를 겪은 사람이라면 더욱 그렇다.**

그림자 탐구를 시작하기에 앞서, 열린 마음으로 자신에게 나타날 반응에 관심을 기울이고 호기심을 발휘하겠다는 다짐부터 하는 것이 중요하다. 우리의 그림자는 강한 감정을 느낄 때 그리고 불만족스러울 때 정체가 뚜렷하게 드러난다. 그때의 감각을 잘 기억해둬야 그림자가 나타나는 특정 패턴을 정확히 알아낼 수 있다. 이 일기는 무엇이 자신에게 그런 감각을 일으키는지 찾아내는 과정이다. 4부 '그림자 뿌리 찾기'에서 그림자와 그림자의 뿌리를 추적하는 효과적인 방법을 소개한다.

그림자를 탐구해야 하는 이유

그림자 탐구에는 여러 가지 이점이 따른다. 무엇이 내 고통과 감정을 자극하는지 알면, 내가 무엇을 마음 깊이 신경 쓰고 있는지 이해할 수 있다. 이는 삶의 목표에 더 가까이 다가가는 발판이 된다. 바꿔서 생각하면, 그림자를 알면 현재 내 삶에 해로운 영향을 주는 패턴을 찾아내 완전히 변화할 수 있다는 의미다.

내가 몰랐던 나와 대면할 용기와 자신감을 키우고, 온전한 나로 포용할 수 있다는 것도 그림자 탐구로 얻는 또 다른 이점이다.

나를 더 깊이 사랑하고, 더 깊이 수용하고, 더 깊이 이해하면 타인과의 관계도 좋아진다. 그림자를 탐구하면 자기중심적 생각에서 벗어나 다른 사람에게 공감하고 연민할 수 있고 연민은 감사하는 마음을 비롯한 다른 긍정적인 감정에도 도움이 된다. 따라서 그림자 탐구로 우리의 정신과 육체 모두 더욱 건강해질 수 있다.

자신의 그림자와 대면하지 못하고 그림자의 영향으로 발생하는 일들에 대처하지 못하는 것은 불특정 개인이나 집단 간 갈등과 편견의 씨앗이 되기도 한다. 그림자 문제는 작게는 사소한 갈등부터 크게는 대규모 전쟁까지도 촉발한다. **연민할 줄 아는 사람, 합리적인 사람이 되려면 내 그림자가 내게 어떤 영향을 주고 있는지 알아야 한다.**

그림자 탐구의 아버지: 카를 융

그림자라는 개념을 처음 발전시킨 사람은 스위스 출신 정신의학자이자 심리분석가 카를 융이다. 융은 진정한 자기가 되기 위해서는 개인의 성장과 개성화(자기실현)의 과정이 필요하며, 이 과정에 그림자 탐구가 꼭 필요하다고 믿었다. 그는 우리 정신에서 스스로 억누른 생각, 감정, 충동이 담긴 무의식의 일부를 그림자로 봤다. 그림자는 자신이 거부한 부분, 남들에게는 물론, 많은 경우 나 자신에게도 숨겨놓은 내 일부다. 우리의 이런 부분은 억눌린 상태에서도 행동과 감정에 영향을 줄 수 있다.

정신이란 무엇인가?

정신이란 생각과 느낌, 감정으로 이뤄진 우리의 내면세계를 가리킨다. 정신은 우리의 경험, 동기, 행동의 원천이며 평생 끊임없이 변화한다. 정신은 자기 자신과 주변 세계를 이해하는 열쇠다.

> 융은 정신이 의식적인 마음, 무의식적인 마음, 개인적 무의식, 집단적 무의식 등 서로 연관된 몇 가지 별개의 부분들로 구성된다고 봤다.

의식적인 마음은 우리의 정신에서 생각과 경험을 인지하는 부분이다. 무의식적인 마음은 그 범위에 포함되지 않는 생각, 느낌, 경험으로 이뤄진다. 개인적 무의식이 억눌린 생각과 느낌, 경험이 담겨 있는 정신의 한 부분이라면 집단적 무의식은 정신 중에서 원형(융의 무의식 이론에 나오는 개념. 특정한 의식이나 마음의 변화를 일으키고 어떤 이미지나 상을 떠올리게 하는 작용점—옮긴이), 보편적인 상징, 누구나 아는 주제가 담긴 부분이다. 정신을 알면 자기 인식이 선명해진다. 즉 자기 생각과 느낌, 감정을 더 많이 이해할수록 의식적인 선택이 늘어나고 다른 사람과의 관계도 개선되며 불안감과 정서적인 괴로움도 줄어든다.

　융은 개인적인 성장과 개성화(자아실현)를 통해 진정한 자기가 될 수 있으며 이 과정에는 정신의 탐구가 필수라고 설명했다. 또한 자신의 무의식을 탐구하면 동기와 반응, 행동을 더 깊이 이해할 수 있으므로 진정한 삶을 살아가기 위해 어떤 변화가 필요한지도 알 수 있다고 생각했다. 융의 이론은 심리학계에 큰 영향을 줬다. 이후 지크문트 프로이트

외부 세계

페르소나

자아

자기

개인 → 　 ← 무의식

그림자

아나무스·아니마

내면세계

그림 1 　 융의 정신 모형

Sigmund Freud, 멜라니 클라인Melanie Klein과 같은 다른 심리분석 이론가들이 융의 이론을 더욱 발전시켰으며, 오늘날에는 인간의 정신에 관한 탐구가 심리학, 신경과학, 철학, 영성 등 다양한 분야에서 이뤄지고 있다.

두 인격의 만남은 두 화학물질이 접촉하는 것과 같다. 반응이 일어나면, 양쪽 모두가 변한다.

_카를 융

생각의 덫

닻 내리기

맨 처음 내린 판단이 이후 모든 판단에 영향을 주는 것.

확증 편향

자기 생각과 일치하는 생각을 더 선호하는 것.

반발심

다른 사람의 요구와 반대로 하려는 반응.

매몰 비용의 오류

비용이 이미 발생한 일에 비합리적으로 계속 매달리는 것.

더닝 크루거 효과

아는 게 많아질수록 자신감은 더 떨어지는 것(실제로는 능력이 부족한 사람이 자기 능력을 과대평가하는 것과 실제로는 능력이 뛰어나지만 자기 능력을 과소평가하는 것을 모두 일컫는 표현이나, 본문에는 후자에 해당하는 내용만 나와 있다—옮긴이).

역효과

중요한 신념이 흔들릴수록 그것을 더 강하게 믿는 것.

쇠퇴론

과거를 실제보다 더 좋게 기억하고, 미래는 실제보다 더 나쁠 거라고 예상하는 것.

액자 효과

정보의 내용보다 정보가 전달된 정황과 방식에 더 큰 영향을 받는 것.

부정 편향

부정적인 생각이 불균형적으로 더 큰 비중을 차지하는 것.

그림자는 어떻게 탐구할까

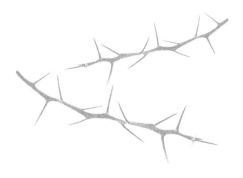

안전하고 통제된 환경에서 나의 무의식적인 면을 살펴보는 방식으로 그림자를 탐구할 수 있다. 여기에는 일기 쓰기, 명상, 치료가 포함되며 자신이 믿는 종교의 도움을 받거나 그림자 탐구를 돕는 지침서를 활용하는 것도 좋은 방법이다(이 책도 지침서로 활용할 수 있다). 그림자 탐구의 목표는 무의식을 의식의 영역으로 가져와서 내 삶과 통합하는 것이다. 이러한 통합이 이뤄지면 내 행동의 동기, 내가 보이는 반응과 행동을 더 깊이 이해하게 되므로 진정한 삶을 살아가려면 어떤 변화가 필요한지도 알게 된다. 우리는 모두 다양한 면을 가지고 있다. 나를 이루는 그 모든 부분을 전부 포용하지 않으면 온전한 내가 될 수 없고, 진정한 삶을 살 수도 없다. 그림자를 통합하면 자기 수용과 용서, 조건 없는 사랑으로 가는 길이 열린다.

그림자를 끄집어내려면 부정적인 마음에 사로잡혔을 때 그 마음에 스스로 주목하고 그런 마음이 어디에서 비롯됐는지 의문을 가져야 한다. 초조함, 불안감, 분노, 슬픔을 느낄 때 4부 '그림자 뿌리 찾기'를 활용하는 것도 그림자를 찾아내는 한 가지 방법이다. 내 그림자와 마주할 때는 몸과 정신의 건강에 모두 도움이 되는 소소하고 유익한 행동을 함께 실천하는 것이 중요하다. 스스로 필요하다고 생각하는 것보다 물을 더 많이 마시기, 옷 잘 챙겨 입기, 샤워하기, 세수하기, 몸에 좋고 큰 부담이 되지 않는 가벼운 음식 챙겨 먹기, 호흡하기, 좋아하는 음악 듣기 등이 그런 행동에 포함된다. 또한 그림자와 마주할 때 느낄 수 있는 불편함도 결국에는 다 지나간다는 것, 그림자를 탐구하면 다시 '나다운 나'를 느끼게 된다는 사실도 기억하자.

> 다른 사람들의 어두운 면에 대처하는 가장 좋은 방법은 내 어두운 면부터 아는 것이다.
>
> _카를 융

그림자에는 나에 관한 알고 싶지 않은 사실들과 내가 좋아하지 않는 나의 면들이 모두 담겨 있으므로, 그림자 탐구는 힘들고 고통스럽게 느껴질 수밖에 없다. 그럼에도 내 그림자를 받아들이고 스스로 의식할 수 있게 만들어야 한다. 그림자를 인정하는 것은 자기 인식과 치유에 큰 부분을 차지한다.《새도 워크 저널》을 작성하는 동안에는 자신의 그림자를 조건 없이 사랑해보기로 하자.

마음가짐: 자기 연민

자기 연민은 그림자 탐구의 핵심 중 하나다. 그림자 탐구를 시작하면 스스로 거부하거나 감춰뒀던 자신의 일부와 마주하게 되므로 괴로울 수 있다. 그림자는 비판적인 태도를 버리고 친구를 대할 때처럼 다정하게, 연민을 갖고 탐구해야 한다. 안전하고 스스로 응원하는 환경은 그림자 탐구와 자신의 성장에 도움이 된다. 한 인간으로서 부딪힌 한계와 실패, 고통의 경험을 혹독하게 비난하고 평가하는 대신 그러한 부분을 인정하고 받아들이는 것이 자기 연민이다.

우리 사회는 완벽주의와 개인의 성취를 강조하는 경우가 많다. 이런 문화에서는 기대에 미치지 못하면 자신을 부족한 존재라 느끼고 스스로 비난하게 된다.

의미 있는 삶은 자기 연민에서 시작된다. 자신을 다정하게 대하고 이해심을 발휘할 수 있어야 다른 사람의 진정한 모습도 알아보고 수용할 수 있다.

안정화의 중요성

안정화는 자기 연민과 함께 그림자 탐구의 또 하나의 핵심 요소다. 그림자를 탐구하면 감정이 강렬해지고 정서적으로 힘들 수 있다. 따라서 탐구를 시작하기 전과 탐구를 끝낸 후에 내 마음이 안전하고 안정적인지 확인하는 단계가 필요하다. 이를 위해 명상과 심호흡을 비롯해 정신을 집중하고 안정을 찾도록 도와주는 다양한 방법을 활용할 수 있다. 이 책에서 소개하는 안정화 기술도 필요할 때마다 찾아서 읽으면 도움이 된다. 안정화 기술은 현재에 확실하게 자리를 잡고, 자기 몸과 연결되고, 혼란스러운 세상에서도 안정과 균형을 찾도록 도와준다. 다른 시점이 아닌 현재에, 다른 곳이 아닌 내 몸에 온전하게 존재하는 것이 안정화다. 안정화는 머릿속에 머물지 않고 현재로 돌아오도록 이끌어주므로 스트레스와 불안 감소에 도움이 되며 더 중요한 것에 초점을 맞추고 집중하는 데도 도움을 준다.

《섀도 워크 저널》을 작성하기 전과 작성한 후에는 스스로 마음을 안정시키는 시간을 갖자.

아래에 손쉽게 안정을 찾는 몇 가지 방법을 소개한다.

1. 간단한 인정

인간의 공통점을 인식한다. 누구나 일이 잘 안 풀리거나 실패하고 괴로울 때가 있다는 사실을 기억하자. 혼자만 겪는 일이 아니다. 우리의 경험은 인간이라면 누구나 겪는 평범한 경험 중 하나다.

2. 자기 관리

즐겁고, 편안하고, 행복한 활동을 하자. 운동이나 취미, 소중한 사람들과 함께 시간 보내기도 좋다. 잠을 충분히 자는 것도 포함된다.

3. 확언

긍정적인 말을 입 밖으로 말해보면 스트레스를 줄이고 행복한 감정을 키우는 데 도움이 된다.

4. 감각 자극 활용하기

자연 속에서 걷기, 에센셜 오일의 향 맡아보기, 건강한 음식으로 식단 꾸리기 등으로 몸의 다양한 감각을 자극하면 현재에 집중하는 데 도움이 된다.

5. 심호흡

천천히, 깊이 호흡한다. 그러면 마음을 차분히 가라앉히고 스트레스를 줄일 수 있다.

그림자 자아를 발견하는 법

문득 자신의 그림자 자아를 발견하는 순간이 있다. 주로 뭔가가 자신의 감정을 유독 자극한다는 사실을 깨달을 때, 내가 하는 행동과 살면서 경험하는 일들에 특정한 패턴이 보일 때, 다른 사람의 모습에서 자신이 무엇을 투사하고 있는지 알게 될 때다.

1. 감정을 자극하는 요소

상황과 어울리지 않는, 지나치게 강한 정서적 반응을 일으키는 요소가 있다. 이런 반응은 자신의 일부, 주로 그림자가 위협을 느끼거나 괴로워한다는 신호다. 그런 요소가 감정을 자극하면, 의식적인 선택의 과정을 건너뛰고 특정한 반응이 자동으로 나타난다고 느낀다. 이런 자극 요소는 해소되지 않은 문제, 또는 '그림자'가 존재한다는 사실을 알려주는 귀중한 단서다. 내 감정을 크게 자극하는 요소를 찾으려면 한 걸음 물러나서 자신이 뭔가에 강하게 반응했던 상황을 객관적으로 살펴봐야 한다. 그때마다 공통적으로 영향을 준 주제나 요소가 있는가? 특정한 말이나 행동일 수도, 특정한 유형의 사람일 수도 있다. 혹은 특정 장소가 반복적으로 정서적 혼란을 일으키기도 한다.

2. 패턴

자신에게 도움이 안 된다는 사실을 알면서도 없애기가 힘들고 자꾸 반복하게 되는 행동을 가리킨다. 이런 패턴은 대인관계나 어떤 것을 선택하거나 반응하는 방식, 습관으로 나타나기도 한다. 이는 그림자 자아가 자기 존재를 드러내려는 신호일 수 있다. 자신에게 특정한 행동 패턴이 있는지 확인하려면 자기 성찰이 필요하다. 과거의 경험, 대인관계, 자신이 반응하는 방식에 공통적인 특징이 있는지 생각해 보자. 자꾸 비슷한 유형의 관계나 상황에 이끌리고, 매번 같은 결과를 얻지는 않는가? 다시는 그렇게 반응하지 말자고 다짐하고도 또 똑같이 반응할 때가 많은가? 패턴이 반복된다면 그림자 탐구가 도움이 될 수 있다.

3. 투사

투사란 자신의 특정한 면을 무의식적으로 다른 사람에게서 보는 것이다. 스스로 자랑스럽게 생각하는 면일 수도, 극히 싫어하는 면일 수도 있다. 다른 사람의 행동이나 특징을 보면서 정서적으로 강하게 반응하는 그것이 버리기로 한 자신의 일부분, 즉 그림자이기 때문인 경우가 많다.

자신이 남에게 무엇을 투사하고 있는지 알기 위해서는 다른 사람의 어떤 특징과 행동이 유난히 거슬리는지, 반대로 어떤 특징과 행동에 지나치게 감탄하는지 살펴봐야 한다. 그리고 그런 특징이 자신의 일부가 된다면 버리고 싶을지, 아니면 소중히 여기게 될지 생각해보자.

4. 꿈

꿈에는 상징과 감춰진 무의식이 가득하다. 꿈을 꾼 날은 자고 일어난 후 기억을 더듬어서 꿈의 내용을 기록해보자. 그리고 꿈에 나타난 상징과 감정, 주제를 분석해보자. 그림자나 두려움, 욕구, 겉으로 드러나지 않은 내 일부에 관한 귀중한 통찰을 얻을 수도 있다.

5. 어린 시절과 과거의 경험

어린 시절, 가족 관계, 살면서 겪은 중요한 사건들을 떠올려보자. 해소되지 않은 문제나 트라우마, 충족되지 않은 욕구 중에 그림자가 됐을 가능성이 있는 것을 찾아보자. 연민의 마음으로 호기심을 갖고 이런 경험을 찬찬히 살펴보는 것 자체가 나를 이루는 여러 부분의 통합과 치유에 큰 도움이 된다.

그림자 자아 통합하기: 감정자유기법

감정자유기법Emotional Freedom Techniques, EFT은 인지치료와 지압요법을 합친 강력한 치료 도구로, 그림자 자아를 통합하고 정서적으로 깊은 곳까지 치유하도록 도와주는 유용한 기술이다. 감정자유기법에서는 해소되지 않은 감정과 생각에 정신을 집중하면서 정해진 순서에 따라 경혈을 자극한다. 이를 통해 막힌 에너지를 흐르게 하고, 자기 수용을 촉진해서 그림자의 통합을 돕는다. 이제 감정자유기법으로 그림자 자아를 통합하고 전체적인 치유를 강화하는 방법을 알아보자.

먼저 나와 통합하고 싶은 그림자를 찾아야 한다. 그리고 그 그림자를 생각할 때 어떤 감정이나 생각, 기억이 떠오르는지 주의를 기울여보자. 정수리, 눈썹, 눈 양쪽, 눈 아래, 코 아래, 턱, 쇄골, 겨드랑이 등이 감정자유기법에서 말하는 기본 지압점이다. 손가락 두 개나 세 개로 각 지압점을 부드럽게 누르며 특정한 문구를 반복해서 말하거나 관련된 감정에 집중한다.

그림자를 통합하는 다른 한 가지 방법은 내면의 아이를 위한 확언이다. 그림자를 찾았다면, 그 그림자와 관련이 있는 구체적인 문장을 떠올려본다. 이 문장은 긍정적인 내용이어야 하며 자기 수용과 치유, 통합의 의지를 담아서 현재 시제로 완성하자.

현 상황을 지속적으로 인식하는 것에는 그림자를 통합하고 개인의 성장을 촉진하는 강력한 힘이 있다. 감정을 자극하는 요소와 부정적인 생각을 싹 거둬들이는 '잠자리채'를 들고 있다고 상상하면서 그림자를 찾고, 이해하고, 통합하는 과정에 적극적으로 참여하자. 그래야 자기 인식이 향상되고 더욱 의식적으로 반응하게 되며 변화와 치유의 가능성이 열린다.

특정한 자극으로 촉발되는 감정들

수치심

수치심은 자신에게 근본적으로 문제가 있다고 생각할 때 느끼는 강렬한 감정이다. 자신이 무가치하고 부족하다는 생각, 굴욕감에서 생겨나는 감정이므로 큰 고통과 고립감을 유발한다. 수치심에 사로잡히면 무거운 짐에 짓눌린 기분이 들고 자신이 초라하게 느껴진다. 자신은 사랑받거나 다른 사람들에게 인정받을 자격이 없다고도 느낀다. 이러한 수치심은 사회적인 상황에서 자신에게 주어지는 기대나 과거에 겪은 트라우마, 내면화된 확신에서 비롯되는 경우가 많다. 수치심을 이겨내려면 연민과 자기 수용이 필요하다. 또한 자신 스스로도 나름의 고유한 가치가 있는 한 인간임을 인정해야 한다.

죄책감

죄책감은 자신이 뭔가 잘못했거나 스스로 정한 도덕률을 어겼다고 판단할 때 생겨나는 감정이다. 자책하고 자신을 비난하고 후회하는 이런 감정은 반대로 자신이 어떤 가치를 중요하게 여기는지 명확히 드러내고, 실수에서 교훈을 얻도록 하는 건설적인 감정이 될 수 있다. 또한 죄책감은 스스로 책임져야 하는 일이 무엇인지 알려주고 행동을 바르게 고치거나 변화하는 계기가 된다.

분노

분노는 위협을 느끼거나 부당하다고 느낄 때 혹은 좌절감이 들 때 일어나는 강하고 복합적인 감정이다. 그 정도가 약할 때도 있지만 강하게 분출되기도 하고 신체 반응이나 정서적 반응으로 표출될 수도 있다. 분노는 자연스러운 감정이다. 또한 변화의 필요성 그리고 경계에 선을 긋고 나를 스스로 지켜야 할 때를 알려주는 유용한 감정이다. 하지만 분노를 통제하지 못하거나 과도하게 화를 내면 파괴적인 행동으로 이어질 수 있고 자신이나 남에게 해가 된다.

슬픔

슬픔은 뭔가를 잃었을 때, 실망스러울 때, 원하는 것이 충족되지 않을 때 느끼는 깊고 절실한 감정이다. 소중한 사람을 잃거나, 누군가와의 관계가 끝나거나, 기대했던 일이 이뤄지지 않는 등 다양한 경험이 슬픔을 유발할 수 있다. 슬픔은 자연스러운 감정이며 인간에게 꼭 필요하다.

민망함

사회적인 상황에서 남들의 시선이 신경 쓰이고, 어색하고, 창피할 때 느끼는 감정이다. 자신이 사회적 약속을 어겼다고 생각할 때 촉발되는 경우가 많다. 이 감정이 오래 지속되면 수치심이 들고 숨고 싶을 수 있다.

질투심

질투심은 진짜 감정을 감추는 감정이다. 화내거나 다른 사람을 평가하는 것처럼 보여도 사실 그 뒤에는 슬픔과 자신에게 불만을 느끼는 감정이 깔려 있을 수 있다. 그런 감정이 질투심이다. 질투심을 느끼면 자신을 남과 비교하거나, 자신이 가진 것을 보호하려는 경향이 나타난다.

후회

과거에 했던 행동이나 결정을 아쉬워하는 감정이다. 사람들은 대부분 실제로 한 일보다 하지 않은 일을 더 많이 후회한다.

두려움

두려움은 위협당하거나 위험하다고 느낄 때 나타나는 원초적이고 강한 감정이다. 일단 두려움을 느끼면, 자신을 '안전'하게 지키기 위한 생리학적인 반응과 정서적인 반응이 도미노가 쓰러지듯 연쇄적으로 촉발된다. 두려움은 자신을 보호하는 방법이지만 비이성적인 두려움은 경험과 성장을 가로막는다. 이 감정을 이겨내려면 두려움을 느끼는 근본 원인을 파악하고 비이성적인 확신은 아닌지 스스로 따져봐야 한다. 또한 안심할 수 있는 안전한 방식으로 두려움을 일으키는 상황에 조금씩 노출되는 과정도 필요하다.

자신을 발견하기 위해서는 내 마음 가장 깊은 곳에 있는 그림자와 나의 가장 큰 잠재력 모두를 기꺼이 탐구하겠다는 의지가 있어야 한다.

무의식

습관＋패턴

감정

보호

신체 기능 통제

믿음

욕구

비난, 부인, 거짓말

특정한 물건, 생각, 느낌을 향한 애착

의식

논리

거르기

분석

움직임

의사 결정

단기 기억

의지력

비판적 사고

그림자를 통합하는 과정은 연금술과 닮았다.
상처는 지혜로, 두려움은 용기로, 한계는
무한한 잠재력으로 바꾸는
내적 변화가 바로 그림자 통합이다.

"우리가 의식적으로 노력하지 않는 한,
그림자는 거의 항상 투사된다.
내 그림자는 마치 나와는 무관한 것처럼 다른 사람
또는 다른 대상에 반듯하게 얹힌 모습으로 나타난다."

심리치료사, 강연자, 저술가 로버트 존슨 Robert Johnson

2
그림자 탐구 실천 방법

마음이 그림자를 인식하도록 훈련하는 과정에는 시간과 노력이 필요하다. 그러므로 일주일에 5분에서 10분 정도를 그림자 탐구 시간으로 정해놓고 훈련하는 것이 좋다. 시간을 따로 정해두면, 대인관계와 자신의 반응, 내면의 생각을 작정하고 떠올려보는 기회가 된다.

이 과정에서 꼭 기억해야 할 중요한 사실은, 본격적으로 그림자를 탐구하기 시작하면 마음이 불편하거나 불안해질 수도 있고 그런 반응 모두 자연스럽고 필요하다는 것이다. 이번 장의 내용을 토대로 그림자 탐구 과정에서 알게 된 사실과 깨달음을 기록해보자. 또 왕성하게 활약하던 내 그림자가 어떤 변화와 성장을 겪는지도 추적해보자.

그림자 탐구는 각자 자신에게 가장 알맞은 속도와 순서로 진행하는 것이 좋다. 그럼 이제 시작해보자.

상처 찾기

● 실천 방법

다음 장에 나오는 목록을 찬찬히 읽어보면서 내면의 아이(내면의 아이는 융이 처음 제안한 개념이다. 융은 누구나 내면에 어린 시절의 나, 즉 어린아이 같은 감정과 정서가 남아 있으며 이것이 성인이 된 후에도 모든 행동과 결정에 영향을 준다고 봤다―옮긴이)에게 어떤 상처가 있는지 찾아보자. 내면의 아이에게는 크게 나누자면 방치, 죄책감, 믿음, 무시 네 가지의 상처가 생길 수 있고 이 중 하나 이상이 현재 자신이 개인적으로 경험하는 일들과 일치할 수 있다.

● 이 연습이 필요한 이유

상처받은 경험이나 트라우마는 큰 고통을 남긴다. 그런 일을 어린 시절에 겪었다면 고통은 더욱 깊어진다. 이번 연습의 목표는 성인이 된 지금까지도 영향을 주는 어린 시절의 정서적인 상처를 찾는 것이다. 상처는 자신에게 도움되지 않는 부정적이고 반복적인 행동이나 생각으로 이어지는 경우가 많다. 내면의 아이가 받은 상처를 알고 이해하면 자신을 더 너그럽게 대할 수 있고 이는 그림자 탐구를 성공적으로 마치는 발판이 된다.

방치로 생긴 상처

- '버려진' 기분이 든다.
- 버려지는 것에 대한 두려움이 있다.
- 혼자 있는 것을 극도로 싫어한다.
- 상호 의존성
- 이별을 협박으로 사용한다.
- 감정 표현이 서툰 사람들과 잘 엮인다.

죄책감으로 생긴 상처

- '미안함' 또는 '괴로움'
- 남에게 부탁하는 것을 싫어한다.
- 죄책감을 이용해서 남을 조종한다.
- 선 긋기를 두려워한다.
- 자신에게 죄책감을 느끼게 만드는 사람들과 잘 엮인다.

신뢰가 깨져 생긴 상처

- 상처받는 것이 겁난다.
- 자신을 믿지 못한다.
- 남들을 믿을 수 없는 이유를 찾아낸다.
- 안심하지 못하고 여러 사람에게 확인받으려고 한다.
- 안전하다고 느끼지 못한다.
- 안전하지 않다고 느끼지 못하는 사람들과 잘 엮인다.

무시로 생긴 상처

- 내려놓지 못한다.
- 자존감이 낮다.
- 쉽게 화를 낸다.
- 거절을 잘 못한다.
- 감정을 억누른다.
- 약해지는 것이 두렵다.
- 내 가치를 인정하지 않거나 나를 봐주지 않는 사람들과 잘 엮인다.

빈칸 채우기

◉ 실천 방법

문장의 빈칸을 채우면 된다! 읽으면서 망설이지 말고 빈칸을 바로바로 채워보자. 쓸 말이 생각나지 않으면 고개를 들어 주변을 둘러보자. 그리고 아무 물건이나 하나 정해서 그것과 관련된 단어들을 떠올리는 연습을 한다. 그 다음 다시 문장으로 돌아와서 답을 써보자.

◉ 이 연습이 필요한 이유

'빈칸 채우기' 연습은 무의식적인 마음을 들여다보고 자신의 감춰진 면을 발견하도록 도와주는, 그림자 탐구의 효과적인 방법 중 하나다. 빈칸에 들어갈 단어를 스스로 선택하고 앞뒤 단어와의 관계를 고민하다 보면 자신의 감정, 신념, 생각을 더 깊이 이해하게 된다. 이 연습은 우리 안에 살고 있는 그림자에 주목해서 자기 인식을 높이고 마음이 어떻게 움직이는지 더 자세히 통찰할 기회를 제공한다.

나는 항상 내가 _____인/운/한 사람이라고 느낀다.

나는 도망가고 싶을 때 _____을/를 한다.

나는 _____(에)서 평화를 얻는다.

나는 _____와/과 _____가/이 지긋지긋

하다. 하지만 _____와/과 _____은/는

재밌다.

나는 _____을/를 해보고 싶다.

그러면 _____도 할 수 있을 것(이뤄질 것) 같다.

이유는 잘 모르겠지만, 내가 하는 일은 항상 _____

(하)게/(으)로 끝난다.

나도 _____와/과 _____을/를 누릴

자격이 있다.

생각해볼 질문

가끔 내가 어딘가 부족하고 앞으로도 원하는 것을 절대 가질 수 없을 것
이라는 생각에 빠진다면, 그 이유는 무엇일까?

부정적인 생각을 나에게 또는 내 상황에 도움이 되는 생각으로 바꾸고 싶
다면 무엇이 나를 개선하는 방법이 될 수 있을까?

한정된 생각의 틀에서 벗어나 내가 즐거움을 느끼는 일들에 더 집중하려
면 어떤 사고방식이 필요할까?

나는 어린 시절에 _____하지 말라는 소리를 들었다.

그 말을 들으면 기분이 굉장히 _____(했)다.

만약에 _____(다)면 상황이 달라질 것 같다.

어린 시절의 나에게 _____(라)고 말해주고 싶다.

나를 키워준 사람들이 내게 _____해준 것은 진심으

로 감사하지만, _____해줬다면 좋았으리라는 생각이 든다.

생각해볼 질문

빈칸을 채우는 동안 어떤 기억이 떠올랐나?

그 기억이 앞으로 계속해서 내게 상처를 주거나 내 삶을 방해하지 못하게 하려면, 기억을 어떻게 재구성할 수 있을까?

어떻게 하면 어린 시절의 내게 연민을 갖고 자신을 자주 위로할 수 있을까?

나는 _____이(가)/가장 무섭다. 나는 무섭거나 불안하면

_____하는 경향이 있다. 그러면 _____해지고, 그러면 기분

이 _____해지기 때문에, 가끔은 그렇게 반응하는 내가 정말 싫다.

나는 불안감을 느끼면서 _____와/과 _____을/를 깨달았다.

내가 _____하다는 건 나도 잘 알고 있지만, 그래도 나는 나를

조건 없이 사랑한다.

생각해볼 질문

지금 나는 무엇을 두려워하는가? 그 일이 일어난다고 가정할 때 최상의 시나리오는 무엇인가?

내가 느끼는 두려움과 불안감으로부터 깨달은 교훈이 있다면 무엇인가?

어떻게 하면 알 수 없는 미래를 좀 더 긍정적으로 전망할 수 있을까?

그림자 탐구 실천 방법

나는 _____에(을/를 할 때) 긴장하게 된다.

보통 이렇게 긴장하면 몸의 _____(에)서 _____이/가

느껴진다.

그럴 때 나는 _____(하)기 시작하는데, 내 생각에는

_____와/과 _____때문인 것 같다. 다음에 또 이렇게 긴

장하게 되면, _____(으)로(을/를 해서) 나를 진정시키려고 한다.

생각해볼 질문

불안이 내 몸과 마음을 장악할 때가 있는가? 반복해서 불안감을 촉발하는 공통 요소가 있는가?

불안한 에너지와 긴장이 분출될 수 있도록 몸으로 할 수 있는 일이 있을까?

어떤 생각이 불안을 달래는 데 도움이 되는가? 어떻게 해야 불안할 때 자기 비판적인 혼잣말을 덜 할 수 있을까?

나는 어릴 때 _____(한다/라)고 혼났다.

그럴 때 나는 _____하고 _____했다.

그때부터 지금까지 나는 항상 _____했다.

지금도 나는 _____와/과 _____에(을/를) 많이

신경 쓴다. 지금은 _____이/가(할 때) 내 감정을 자극한다.

이제는 내 모든 면에 연민을 갖고 이런 부분도 받아들일 여유가 생겼다.

생각해볼 질문

어린 시절이나 그 이후에 어떤 식으로 혼났는지 써보자.

그 경험은 현재 내가 선택하는 것/선택하지 않는 것에 어떤 영향을 주는가?
그 경험이 지금 내가 뭔가를 하지 못하는 이유가 되기도 하는가?

내면의 아이에게 힘을 주고 마음껏 표현할 수 있게 돕는 활동은 어떤 것
이 있을까?

자라면서, 어린 시절 _____(했)던 내 모습과 점점 멀어진 것 같다.

그런 사실이 _____(하)게 느껴진다. 때때로 나는

_____때문에 나를 스스로 틀에 가둔다.

나는 계속해서 변화할 것이고 매일 발전한다는 것을 안다. 어린 시절의 나

를 지금의 내가 다시 보살핀다면, 방법은 _____와(과)

_____이/가 좋을 것 같다.

나는 내 _____(한) 부분을 항상 인식하고, 그런 부분도

사랑하고 인정할 것이다.

생각해볼 질문

내가 정말 좋아했고 지금도 계속해서 발전시키고 싶은 내 모습이 있는가?

_____

_____

_____

_____

정해진 틀에 맞추려고 내 개성의 일부를 감출 때가 있는가? 어떤 경우에, 어디에서 그런지 생각해보자.

_____

_____

_____

_____

그런 상황에서 나를 있는 그대로 드러낸다면 어떻게 될까?

_____

_____

_____

_____

어린 시절에 나는 _____할 때(한 상황에서) 울곤 했다. 그럴

때 내가 울컥한 이유는 _____때문이다. 그 슬픔을 색깔로 표

현한다면 _____색이었고, 내게는 그 색이 아주 _____(하)게 느

껴졌다.

내게는 _____이/가 정말 중요하다. 이렇게 슬퍼했던 어린 시절의 나

에게 지금의 내가 말을 건넬 수 있다면, _____(라)고 말해주고 싶다.

생각해볼 질문

어린 시절 슬픔을 느낀 일 중에 성인이 된 현재에도 슬픈 것이 있는가?

나는 슬플 때 어떻게 행동하는가? 슬플 때 반응으로 나타나는 행동은 내가 가장 자랑스럽게 생각하는 나의 모습과 일치하는가?

고통과 슬픔을 어떻게 발산하면 좋을까? 기분이 좋아지고 싶을 때 주로 어떤 일들을 즐겨 하는가?

어릴 때 나는 어른이 되면 _____사람이 되고 싶었다.

어린 시절에는 _____와/과 _____이/가(을/를 할

때) 가장 신났다!

이제 나는 _____와/과 _____이/가(을/를 할 때) 가

장 즐겁다. 내 열정과 관심은 시간이 흐르면서 바뀌겠지만, 어렸을 때 즐거

움을 느낀 것들을 앞으로도 간직하고 싶다. _____와/과(하고)

_____로(한다면) 그럴 수 있을 것 같다.

인생에서 가장 즐겁다고 느낄 때는 언제인가? 그런 감정을 계속 키우기 위해 오늘 당장 할 수 있는 일은 무엇일까?

남들과 다른 나만의 특징, 남들과 다른 점은 무엇일까?

성인이 된 지금 내가 꿈꾸고 상상하는 나는 어떤 사람인가?

정체된 에너지 발산하기

❖ **실천 방법**

다음 장에 정체된 에너지를 발산할 수 있는 다양한 활동이 나온다. 하나를 선택해서 실천해보고, 실천에 옮기기 전의 기분과 실천한 후의 기분을 잘 살펴보자.

❖ **이 연습이 필요한 이유**

세상 모든 것이 에너지다. 물리적인 세계, 형이상학적인 세계 모두 그렇다. 몸에 나쁜 에너지가 갇혀 있으면 우리는 몸이 '안 좋다'고 느낀다. 몸에 에너지가 정체되면 초조해지고 균형을 잃은 느낌이 들고, 정체된 에너지는 신체 통증이나 몸의 긴장감으로 나타나는 경우가 많다. 춤추기, 산책, 명상 같은 간단한 활동으로 균형을 회복하고 몸 안에 정체된 에너지를 발산할 수 있다.

땅과 접촉하기

스트레칭

좋아하는 노래
틀어놓고 춤추기

그림 그리거나
낙서하기

시 쓰기

예술 활동

고마운 일들을
떠올리며 명상하기

10분간 햇볕 쬐기

산책하기

갇혀 있던 에너지가 전부 물에 씻겨
나간다고 생각하면서 샤워하기

내면의 아이를 위한 확언

● 실천 방법

다음 장에 내면의 아이를 인정하는 확언 문장들이 나와 있다. 거울을 보면서 각각의 문장을 큰 소리로 말해보자. 여러 번 반복해 말하면서 점점 더 자연스럽게 내 진심으로 느껴지기 시작하는지 살펴보자.

● 이 연습이 필요한 이유

확언이란 긍정적인 문구나 말을 매일 또는 매주 규칙적으로 반복해서 말하는 것이다. 확언 연습을 통해 부정적인 혼잣말과 고통, 건전하지 않은 습관 대신 회복에 도움이 되는 긍정적인 감정과 생각에 더 집중하도록 마음을 조정할 수 있다. 특정한 문구와 말을 충분히 반복해서 말하면, 그것이 내면의 의식에 파고들어 좁고 해묵은 사고 패턴을 바꾼다. 또한 내 잠재력을 온전히 발휘하는 데 도움이 되는 새로운 생각을 불어넣는다. 우리는 사고방식을 바꿀 수 있다. 사고방식이 바뀌면 행동방식이 달라지고, 스스로 바라는 사람이 될 수 있다.

내면의 아이를 위한 확언

▶ 나는 죄책감, 상처, 수치심을 흘려 보낸다.

▶ 나는 보호받고 있다.

▶ 나는 나와 내 성격의 모든 면을 받아들인다.

▶ 나는 사랑받고 있다.

▶ 나는 무엇이든 꿈꿀 수 있고 무엇이든 원할 수 있다.

▶ 나는 큰 꿈을 꾼다.

▶ 나는 안전하다.

▶ 나는 아름답다. 나는 나를 있는 그대로 받아들인다.

▶ 나는 내 안의 어린 나를 존중한다.

▶ 나는 나를 연민한다.

▶ 나는 스스로 생각하는 것보다 훨씬 대단한 사람이다.

▶ 내 욕구와 감정은 유효하다.

▶ 나는 행복할 자격이 있다.

▶ 나는 평화로움에서 위안을 느낀다.

▶ 나는 내 감정을 통제할 수 있다.

▶ 다른 사람이 내게 어떻게 하든 내가 대처하지 못할 일은 없다.

▶ 나는 나를 사랑한다.

▶ 나는 나를 보호할 수 있다.

▶ 나는 선을 분명하게 그을 줄 안다.

▶ 내 에너지는 무한하다.

그림자 탐구 실천 방법

감사 목록 쓰기

❖ 실천 방법

5분간 감사 목록을 써보자. 나를 건강하게 하는 것들, 평화와 사랑을 느끼게 하는 것들을 전부 떠올린다. 집에 있는 가전, 다른 사람들과의 관계 등 인생의 크고 작은 모든 것을 생각해보자. 큰 거부감이 들지 않는다면, 고통스러웠지만 인내와 치유를 배울 수 있었던 일들도 떠올려보자. 목록이 다 채워지면 잠시 하나하나 다시 읽으며 그것이 존재한다는 사실과 지금의 나를 만들어 준 것에 대해 "고맙습니다"라고 말해본다.

❖ 이 연습이 필요한 이유

신경학자 릭 핸슨Rick Hanson 박사에 따르면, 우리 뇌는 우리가 의지하는 마음 상태를 그대로 따라간다. 의심, 슬픔, 초조한 마음에 의존해서 살면 분노, 불안, 우울감이 늘어난다. 반대로 즐거움, 만족감, 사랑에 의지해서 살면 삶이 더 풍부하고 평화로워진다. 감사하기는 지금 가진 것들의 가치를 인식함으로써 삶을 개선하고 더욱 풍성하게 만드는 멋진 방법이다.

감사 목록

○ _____.

○ _____.

○ _____.

○ _____.

○ _____.

○ _____.

○ _____.

○ _____.

○ _____.

○ _____.

○ _____.

과거의 나에게 편지 쓰기

✅ 실천 방법

늘 똑같이 흘러가는 일상에서 한 걸음 물러나 지난날을 진지하게 돌이켜보는 시간을 갖자. 힘들었던 지난 일들을 떠올리고, 그때의 내게 편지를 쓰자. 사랑과 공감으로 편지지를 채워보자. 그때 꼭 듣고 싶었던 조언도 해주자. 기억할 점은, 내가 실제로 겪은 일들에 관해 써야 한다는 것이다. 먼저 한 문장만 써보고, 마음이 어떻게 흘러가는지 지켜보자.

✅ 이 연습이 필요한 이유

과거의 나에게 쓰는 편지에는 치유 효과가 있다. 마무리되지 않았던 감정을 정리하고, 생각이 명료해지고, 내면의 평화를 얻는 데도 도움이 된다. 내면의 아이는 마음속에서 지금도 자기 말을 들어주고 자신을 돌봐줄 누군가를 기다린다. 과거의 나에게 쓴 편지가 미래의 나에게도 필요한 말들이 될 수도 있다.

과거의 나에게

거울 응시하기

◉ 실천 방법

거울 앞에 앉자. 거울 속 내 눈을 응시할 수 있도록 가까이에 앉는다. 그리고 5분에서 10분간 내 눈을 똑바로 응시한다. 시선을 피하지 않으려고 노력하자. 그대로 편안하다면, 떠오르는 생각을 말하면서 내 그림자와 대화를 해본다. 할 말이 끝나면 거울 속 내게 나는 안전하다고, 나는 사랑받는 사람이라고 말하자.

◉ 이 연습이 필요한 이유

거울 응시하기는 가장 깊은 두려움, 불안감과 내밀하게 마주하는 방법이다. 거울을 보는 동안 스스로 거부감을 느끼는 자기 모습이 보이기 시작할 수도 있다. 마음의 평화를 뒤흔드는 생각, 의심, 두려움과 우연히 마주칠 수도 있다. 심지어 몸의 특정 부분이 달라지고 없던 형태가 생긴 것처럼 느껴지며 폭삭 늙어버린 내 모습이 상상될 수도 있다. 이런 일들이 일어나도 놀라거나 거부하지 말자. 거울 속 나에게 연민과 사랑을 발휘하자. 이 연습으로 자신과 정신적으로 맞붙어 싸워보기도 하고, 불안하면 불안한 대로 솔직하게 드러내면 된다.

거울 가까이에 앉는다.

5분에서 10분간 거울 속 나를 가만히 응시한다. 시선은 최대한 피하지 말자. 내 그림자가 하는 말처럼 느껴지는 생각을 소리 내 말해본다.

시간이 다 되면, 아래 질문에 답해보자.

어떤 생각이 떠올랐나? _____

어떤 감정이 올라왔나? _____

지금 기분은 어떤가? _____

거울 속 나와 어떤 대화를 했는가? 새롭게 발견한 사실이 있는가?

_____

_____

_____

_____

_____

상자 채우기

◉ 실천 방법

다음 쪽에 기억을 떠올리도록 돕는 질문들이 나와 있다. 각 상자에 솔직하게 답변을 써보자.

◉ 이 연습이 필요한 이유

경험이 우리를 빚는다. 과거를 돌아볼 수 있는 질문에 답하다 보면 자신을 더 이해하게 되고, 어떤 과정을 거쳐서 지금의 내가 됐는지도 더 깊이 알게 된다. 나의 긍정적인 패턴과 부정적인 패턴, 내 가치관에 영향을 주는 습관도 깨달을 수 있다.

상자 채우기

내가 원하는 것을 우선하면
죄책감이 드는가?

내게 나의 행복은
얼마나 중요한가?

나는 나를 아끼는 마음을
어떤 방식으로 표현하는가?

더 노력해야 하는 것이
있다면 써보자

명상 첫 번째 — 그림자와 만나기

◉ 실천 방법

아래의 QR 코드를 스캔하면 시각화 명상을 돕는 안내 영상이 나온다. 방해받지 않는 공간에서 명상을 시작하자. 안내 음성은 헤드폰으로 들어도 좋고 그냥 들어도 된다.

◉ 이 연습이 필요한 이유

시각화 명상은 내면의 나와 만나는 강력한 방법이다. 그림자로 존재하던 나와 하나가 되면 그동안 스스로 차단하거나 무시하려고 했던 나의 일부를 더 깊이 알게 된다.

▶ **시각화 명상 안내 영상**

명상 두 번째 — 그림자와 하나 되기

◉ 실천 방법

아래의 QR 코드를 스캔하면 시각화 명상을 도와주는 안내 영상이 나온다. 방해받지 않는 공간에서 명상을 시작하자. 안내 음성은 헤드폰으로 들어도 좋고 그냥 들어도 된다.

시각화 명상을 시작하기 전에 먼저 편안한 자세를 찾고, 몇 번 심호흡한다.

◉ 이 연습이 필요한 이유

시각화 명상은 내면의 나와 만나는 강력한 방법이다. 그림자로 존재하던 나와 하나가 되면 그동안 스스로 차단하거나 무시하려고 했던 나의 일부를 더 깊이 알게 된다.

▶ 시각화 명상 안내 영상

호흡 첫 번째 ― 불안감 가라앉히기

◉ 실천 방법

신경계를 차분히 가라앉히는 데 도움이 되는 가장 기본적인 호흡법이다. 편안한 자세로 앉아 눈을 감고, 천천히 깊게 호흡한다. 아래의 QR 코드를 스캔하면 올바른 호흡을 도와주는 영상이 나온다.

◉ 이 연습이 필요한 이유

호흡은 신경계를 가라앉히고 몸의 긴장을 풀어 더 편안해지는 강력한 방법이다. 여기서 소개하는 호흡법에는 의식적으로 호흡을 조절하는 방법과 함께 구체적인 호흡 기술이 포함되어 있다. 특정한 호흡 패턴에 집중하면 몸의 스트레스 반응을 줄이고 교감신경계의 활성은 낮추면서 부교감신경계의 활성을 높일 수 있다. 그 결과 전반적인 스트레스가 줄고 긴장이 더 원활하게 해소된다. 전반적인 행복감을 높이는 효과도 있다.

▶ **명상과 함께하는 호흡법 안내 영상**

호흡 두 번째 — 신경계 조절하기

⊙ 실천 방법

신경계를 차분히 가라앉히는 데 도움이 되는 가장 기본적인 호흡법이다. 편안한 자세로 앉아 눈을 감고, 천천히 깊게 호흡한다. 다음 쪽에 나온 QR 코드를 스캔하면 올바른 호흡을 도와주는 영상이 나온다.

⊙ 이 연습이 필요한 이유

호흡은 신경계를 가라앉히고 몸의 긴장을 풀고 더 편안해지는 강력한 방법이다. 여기서 소개하는 호흡법에는 의식적으로 호흡을 조절하는 방법과 함께 구체적인 호흡 기술이 포함되어 있다. 특정한 호흡 패턴에 집중하면 몸의 스트레스 반응을 줄이고 교감신경계의 활성은 낮추면서 부교감신경계의 활성을 높일 수 있다. 그 결과 전반적인 스트레스가 줄고 긴장이 더 원활하게 해소된다. 전반적인 행복감을 높이는 효과도 있다.

▶ **명상과 함께하는 호흡법 안내 영상**

지압을 포함한 감정자유기법

◉ 실천 방법

감정자유기법은 다섯 가지 간단한 단계로 구성된다.

1. 지금 겪고 있는 문제 말해보기
2. 내가 느끼는 통증 강도 확인하기
3. 나만의 대처 방법을 문장으로 떠올리기
4. 적절한 부위 지압하기
5. 통증 강도가 달라졌는지 다시 확인하기

이 방법에는 세밀하게 접근해야 한다. 안 좋은 느낌에 집중하면서 몸 전체의 반응을 잘 살핀다. 걱정될 때, 혼란스러울 때, 불안할 때, 화가 날 때, 짜증 날 때마다 시도해본다. 예를 들어 다음과 같이 나만의 대처 방법을 정할 수 있다. "나를 마음 깊이 아끼고 나를 완전하게 받아들이자." "나를 용서하려고 최선을 다해보자." "조용하고 평화로운 장소로 가자."

✅ 이 연습이 필요한 이유

감정자유기법은 힘든 감정을 이겨내고 문제의 근본 원인을 통찰하는 기회가 된다. 또한 내 안의 그림자를 탐구하는 하나의 방법으로도 활용할 수 있다. 각각의 지압점을 누르면서 그때마다 어떤 감정이 느껴지는지 잘 살펴보면, 그 감정을 수용하고 통합하고 그 감정에서 치유되는 과정을 시작할 수 있다. 이 연습은 억눌린 감정이 있을 때 그런 감정이 생긴 이유가 무엇인지 더 명확하게 이해하는 데도 도움이 된다.

✅ 지압을 포함한 감정자유기법의 순서

1. 몇 번 심호흡하고, 이 기법과 관련된 몸의 특정 부위를 지압한다. 기본 지압점은 눈썹, 귀 뒤쪽, 눈 아래, 코 아래, 턱, 쇄골, 손, 겨드랑이다.

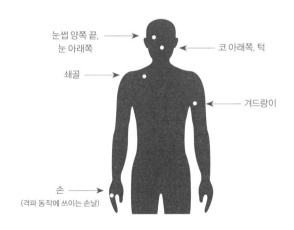

눈썹 양쪽 끝,
눈 아래쪽

코 아래쪽, 턱

쇄골

겨드랑이

손
(격파 동작에 쓰이는 손날)

2. 지압점을 하나씩 누르며 자세히 탐구하고 싶은 문제와 나만의 대처 방법을 문장으로 정리해서 여러 번 말해본다. 예를 들어 실패가 두려운 마음을 탐구하고 싶다면 이렇게 말해볼 수 있다. "나는 실패가 두려워. 하지만 그런 나도 수용하고 사랑하자."

3. 지압하는 동안 탐구하려는 생각에 정신을 집중하고 다른 감정이 함께 나타나는지 살펴보자. 2~3분간 지압하면서 2번 단계에서 정한 문장을 반복해 말해본다.

4. 문제와 관련된 에너지와 감정이 어느 정도 발산된 기분이 들면, 다시 몇 번 심호흡한다. 그리고 무엇을 깨달았는지 생각해본다. 어떤 통찰을 얻었나? 긍정적이고 건설적인 방향으로 나아가려면 이 깨달음을 어떻게 활용할 수 있을까?

3

그림자 탐구 일기

길잡이 질문들

JOURNAL
WORK
SHADOW
THE

일기는 자신의 감정과 신념을 정확히 알 수 있는 강력한 도구다.
경험한 일들을 글로 쓰면 인식과 직감이 깊어지고 현재에 더
집중하게 된다. 일기 쓰기에 매일 딱 10분만 할애해도 행동하고
생각하는 방식이 달라질 수 있다.

　　다음 장부터 그림자 탐구에 도움이 되는 길잡이 질문들이
나온다. 이 질문들을 길잡이 삼아 나의 무의식적인 마음을
받아들이고 그림자를 이해해보자. 한 가지 유념할 점은, 길잡이
질문에 답하며 일기를 쓰다 보면 나의 깊고 어두운 마음을
보게 된다는 것이다. 그런 마음과 만나더라도 계속 붙들려
있지는 말자.

보호자의 영향

부모나 나를 키워준 사람들의 특징 중에 지금 내게도 나타나는 것이 있는가?
좋은 특징과 나쁜 특징을 모두 포함해서 그들에게 물려받은 특징이 있는가?
가족 안에서 공통적으로 나타나는 부정적인 행동 패턴이 있다면,
어떻게 해야 깰 수 있을까?

날짜: _____ . _____ . _____ .

형질

타고난 내 형질 중에 가장 마음에 안 드는 것은 무엇인가?
어떻게 하면 그런 부분도 연민하고 사랑할 수 있을까?

어린 시절

어린 시절에 받지 못한 것이 있는가? 그 경험이 내게 어떤 영향을 줬나?
만약 그것을 받았다면 지금의 나는 어떻게 달라졌을까?

어린 시절의 트라우마

어릴 때 내게 부정적인 영향을 준 일이 있었나?
그 일이 내게 견디기 힘든 고통이 된 이유는 무엇인가?

두려움

두렵지 않다고 상상해보자. 의심스러운 일이 하나도 없고, 걱정도 없고,
낮선 것도 두렵지 않다. 늘 따라다니던 걱정거리도 사라졌다.
두려움이 사라진다면 무엇을 하고 싶은지 써보자.

날짜: _____ . _____ . _____ .

맨 뒤로 밀리는 나

나를 항상 뒷전으로 만드는 일이 있는가? 최근에 나를 맨 마지막으로 미룬 경험 중에서 내게 좋을 게 없었던 일을 생각해보자. 그때 내 행복과 내게 필요한 것을 미루기로 한 이유는 무엇인가?

두려움 알기

나는 무엇이 두려운가? 무엇이 나를 두렵게 만드는가?
"나는 ○○○이/가 두렵다"고 쓰지말고 "나는 ○○○할 때 두려움을 느낀다"
라는 문장으로 써보자. 문장을 이렇게 바꿔서 써보면,
두려움을 나의 일부분인 것처럼 여기는 습관에서 벗어날 수 있다.

날짜: _____ . _____ . _____ .

악몽

최악의 악몽은 무엇인가? 그게 최악인 이유는 무엇인가?

날짜: _____ . _____ . _____ .

두려움과 마주하기

인생에서 무엇이 가장 두려운가?
그 두려움이 현실이 된다면 어떨 것 같은가? 어떤 기분일까?

자아상

다른 사람들이 나를 어떤 사람으로 여긴다고 생각하는가?
나는 사람들에게 어떤 사람으로 여겨지고 싶은가? 그 이유는 무엇인가?
내가 가장 솔직하게 생각하는 진짜 나는 어떤 사람인가?

날짜: _____ . _____ . _____ .

덜어내야 하는 것들

형체가 있는 것과 없는 것을 모두 포함해 내가 가진 것들을 전부 떠올려보자.
때로는 우리가 가진 것들이 우리 삶의 질을 크게 떨어뜨린다.
덜어내야 할 게 있는가?

날짜: _____ . _____ . _____ .

진정한 내 모습

내 진짜 모습은 인생을 살면서 학습한 여러 겹의 가면 뒤에 숨어 있다.
더 많은 사람이 알기를 바라는 내 모습이 있는가?
사람들은 왜 아직도 그 모습을 모를까?

비밀

나의 가장 큰 비밀은 무엇인가? 그것이 비밀인 이유는 무엇인가?
만약 다른 사람들이 그 비밀을 알게 된다면 어떤 기분일까?

날짜: _____ . _____ . _____ .

회피

살면서 피하려고 가장 애쓰는 게 있다면 무엇인가?
겪고 싶지 않은 그 일과 항상 붙어 있는 특정한 감정이 있는가?

개인적인 변화

지난 10년 동안 내게 생긴 열 가지 변화를 생각해보자.
대체로 긍정적인 변화인가, 부정적인 변화인가?

날짜: _____ . _____ . _____ .

변화

변화는 자연적으로 일어난다. 때로는 변화를 선택할 수도 있다.
변하는 것과 변화를 피하는 것, 둘 중에 어느 쪽을 선호하는가?
이유는 무엇인가? 나는 변화에 얼마나 잘 대처하고 있는가?

날짜: _____ . _____ . _____ .

에너지가 소진되는 일들

가장 최근에 에너지가 바닥까지 소진된 일을 떠올려보자.
무슨 일이었나? 누구와 함께 있었나?
그때 나는 무엇이 필요했나?

비판

어떨 때 나를 가장 혹독하게 대하는가? 왜 그렇게 대하게 될까?
내가 나에게 극도로 비판적일 때, 어떤 기분이 드는가?
어떻게 하면 내게 친절함과 이해심을 더 발휘할 수 있을까?

견디기

견디고 싶지 않지만 억지로 견디고 있는 일이 있는가?
나를 스스로 망치는 행동을 떠올려보고, 그런 부정적인 행위나 생각을
계속 반복하는 이유를 생각해보자.

날짜: _____ . _____ . _____ .

분노를 일으키는 요소

무엇이 나를 화나게 만드는가? 왜 그것에 화가 나는가?
화가 날 때는 어떻게 대처하는가?

분노

지금 가장 화나는 일은 무엇인가? 이유는 무엇인가?

날짜: _____ . _____ . _____ .

혼잣말

나에게 화가 날 때, 어떤 혼잣말을 하는가?
다른 사람에게 화가 날 때 떠오르는 혼잣말과 어떤 차이가 있는가?

분노의 색깔

내 분노는 무슨 색인가?
그 색깔이라고 생각하는 이유는 무엇인가?

화가 가라앉을 때

어떨 때 화가 눈 녹듯 사라진다고 느끼는지 써보자.

슬픔

내가 느끼는 슬픔을 붓 또는 펜으로 그려본다면 어떤 모습일까?
꼭 직접 그리지 않아도 된다. 어떤 색, 어떤 모양일지 생각해보자.

날짜: _____ . _____ . _____ .

부정적인 생각

지금 떠오르는 부정적인 생각이 있다면 무엇인가?
안 좋은 생각이 하나 떠오를 때마다 긍정적인 생각 다섯 가지를 써보자.

날짜: _____ . _____ . _____ .

슬플 때 하는 혼잣말

슬플 때 어떤 혼잣말을 하게 되는가? 내게 연민을 느끼는가?
좌절감이 드는가? 짜증이 나는가?

복잡한 감정

슬플 때 다른 감정도 함께 느끼는가?
그 감정이 슬픔과 한 묶음으로 나타날 때, 어떤 기분이 드는가?

날짜: _____ . _____ . _____ .

붙들고 있는 것들

내게 너무나 깊은 고통을 주는데도 아직 붙들고 있는 것이 있는가?

사랑의 편지

내게 사랑을 표현하는 편지를 써보자. 누군가에게 듣고 싶었던 모든 말,
멋진 말들, 마음이 편안해지는 말들을 전부 쓰자.

날짜: _____ . _____ . _____ .

행복

무엇이 나를 가장 행복하게 하는가?
지금 바로 그 행복과 더 가까워지려면 무엇을 할 수 있을까?

어린 시절의 영웅

10대 시절에 내게 영웅과도 같았던 존재는 누구인가?

옛 친구들

어릴 때부터 함께 자랐고 지금도 가장 친한 친구는 누구인가?

날짜: _____ . _____ . _____ .

선생님

학창 시절에 가장 좋아했던 선생님은 누구였나?
그 선생님이 좋았던 이유는 무엇인가?

내 안의 청소년

10대 시절의 내게 누군가가 해줬더라면, 하는 말이 있는가?

청소년기에 겪은 일들

10대 시절에 겪은 중요한 일들을 생각해보자.
지금의 내가 되는 데 그 일들이 어떤 결정적인 영향을 줬나?

날짜: _____ . _____ . _____ .

존경할 만한 청소년기의 내 모습

10대 시절의 나를 떠올릴 때, 존경심이 들만큼 대단했다고
느끼는 부분은 무엇인가?

_____

_____

_____

_____

_____

_____

_____

_____

_____

_____

_____

_____

_____

_____

청소년기에 얻은 교훈

10대 시절에 얻은 가장 큰 교훈은 무엇인가?

내 안의 청소년

10대 시절, 어떤 경우에 안전하지 않다고 느끼거나
도와줄 사람이 없다는 생각이 들었나?
그런 기분이 들면 어떻게 대처했나?

_____

_____

_____

_____

_____

_____

_____

_____

_____

_____

_____

_____

_____

_____

날짜: _____ . _____ . _____ .

보호자와의 관계

10대 시절, 나를 돌봐준 사람이나 부모와의 관계는 어땠나?

날짜: _____ . _____ . _____ .

어른의 내면에 남은 청소년

내면에 남아 있는 10대 시절의 나는 성인이 된 후에
어떤 식으로 존재를 드러내는가?

날짜: _____ . _____ . _____ .

불안

무엇이 나를 불안하게 하는가? 그것이 불안한 이유는 무엇인가?
나는 불안감을 어떻게 극복하는가?

날짜: _____ . _____ . _____ .

비판

다른 사람을 볼 때 비판하게 되는 점들이 있는가?
내게도 그런 점이 있는가?
나의 어떤 점을 스스로 비판하는가?

질투

부러운 사람이 있는가?
그 질투심에는 어떤 욕구가 깔려 있나?
질투심을 얼마나 자주 느끼는가?

질투의 경험

가장 최근에 질투심을 느꼈던 일을 써보자.

_____
_____
_____
_____
_____
_____
_____
_____
_____
_____
_____
_____
_____
_____

날짜: _____ . _____ . _____ .

질투심 관리

어떻게 질투심을 다스릴 수 있을까?

정당화

어떤 경우에 질투심을 정당화할 수 있을까?
반대로 정당화할 수 없는 경우가 있다면?

_____

_____

_____

_____

_____

_____

_____

_____

_____

_____

_____

_____

_____

_____

날짜: _____ . _____ . _____ .

자아상

내가 누군가를 질투하는 것을 깨달았을 때,
내게 어떤 기분을 느끼는가?

날짜: _____ . _____ . _____ .

자부심

과거에 성취한 일들을 떠올려보자. 개인적으로나 육체적으로 거둔
성취, 학문적 성취, 종교 생활, 사람들과의 관계 등에서 성취한 일들을
모두 생각해보자. 그중 가장 뿌듯한 일은 무엇인가?
왜 그 일이 가장 자랑스러운가? 그 일은 내게 어떤 긍정적인 자극이 되는가?

영감

강렬한 기쁨과 영감을 느낀 순간을 생각해보자.
어디에 있을 때였나? 무엇을 하고 있었나? 누군가와 함께 있었나?
무엇이 어떤 영감을 줬는지 써보자.

날짜: _____ . _____ . _____ .

꿈꾸는 삶

내가 꿈꾸는 삶은 어떤 모습인지 마음속에 그려보자.
내일 바로 그 삶이 실현된다면, 하루하루 어떤 경험을 하게 될까?
내가 꿈꾸는 대로 살지 못하도록 가로막는 것은 무엇인가?

가장 원대한 꿈

내 인생의 가장 원대한 꿈은 무엇인가?
그 꿈이 이뤄진다면 어떨까? 어떤 기분일까?

자유

내게 자유란 어떤 의미인가?
나는 어떨 때 자유롭다고 느끼는가?
무엇이 내 자유를 가로막고 있나?

날짜: _____ . _____ . _____ .

내가 그리는 삶

내 삶이 어떤 모습이기를 바라는가?
하루하루를 어떤 기분으로 살고 싶은가?

날짜: _____ . _____ . _____ .

지금까지 인생에서 경험한 일들을 돌아보자.
무엇이 내 인생에 결정적인 순간 또는 전환점이었나?
나는 그 일에서 어떤 교훈을 얻었나?

세상을 바꾸는 일

나는 어떨 때 내가 세상을 바꾸고 있다고 느끼는가?

날짜: _____ . _____ . _____ .

칭찬

만나는 사람마다 내게 늘 칭찬하는 점은 무엇인가?

습관

가장 오랫동안 유지한 습관은 무엇인가?

행복한 날

지금까지 가장 행복했던 날을 떠올리고, 그날에 관해 써보자.

4

그림자 뿌리 찾기

JOURNAL
WORK
SHADOW
THE

그림자와 마주쳤다고 느낄 때 '나의 숨은 그림자 찾기'를
써 내려가보자. 무의식의 그림자는 다음과 같은
행동과 특징으로 자신의 존재를 드러낸다.

- 뚜렷한 이유 없이 화가 나고, 짜증 나고, 불안하다.
- 내 문제를 다른 요인의 탓으로 돌리고 나는 계속 희생자로 남는다.
- 부정적인 생각과 게으름이 지속된다.
- 의욕이 없고 남들의 능력을 의심한다.
- 다른 사람을 질투하고 부정적으로 생각한다.
- 죄책감, 수치심이 든다.

나의 숨은 그림자 찾기: 예시

조용하고 조명이 너무 밝지 않은 공간을 찾는다. 자리에 앉아 내 그림자에 주의를 기울인다.

지금 무엇이 내 그림자를 자극하는가? 직장, 내일 예정된 발표

지금 무슨 생각이 드는가? 그만두고 싶다. 이 회사에 다니다가 제명에 못 죽을 것 같다. 내일 발표도 못 하겠다. 준비가 덜 됐다…

지금 나는 어떤 감정을 느끼는가? 불안, 두려움

눈을 감고 내면의 목소리에 귀를 기울이자. 떠오르는 단어 세 개를 골라서 써본다. 그 단어마다 의미가 있다.

덫에 걸린 기분	긴장감	무겁다

그 단어들에 정신을 집중하자. 마음속에 떠오르는 기억이나 이미지가 있는가? 내면의 아이와 관련이 있는지도 살펴보자.

새장 안에서 바깥을 내다보는 새가 떠오른다. 새장 밖에 자유가 있다는 것은 알지만, 막상 날아가려고 하니 긴장되고 내가 과연 나갈 수 있을지 걱정된다. 나간 다음에 그리 멀리 가지 못한다면? 마음이 무겁고, 뭔가 나를 짓누르는 기분이다. 어릴 때 학교에서도 이런 기분을 느꼈다. 늘 교실 창밖을 쳐다보았고, 수업 내용을 따라가려고 애썼다.

내면의 아이를 적극적으로 받아들이고 아껴보기로 다짐하자.
이제 시작해보자.

나의 숨은 그림자 찾기

조용하고 조명이 너무 밝지 않은 공간을 찾는다. 자리에 앉아 내 그림자에 주의를 기울인다.

지금 무엇이 내 그림자를 자극하는가?

지금 무슨 생각이 드는가?

지금 나는 어떤 감정을 느끼는가?

눈을 감고 내면의 목소리에 귀를 기울이자. 떠오르는 단어 세 개를 골라서 써본다. 그 단어마다 의미가 있다.

그 단어들에 정신을 집중하자. 마음속에 떠오르는 기억이나 이미지가 있는가? 내면의 아이와 관련이 있는지도 살펴보자.

내면의 아이를 적극적으로 받아들이고 아껴보기로 다짐하자.
이제 시작해보자.

나의 숨은 그림자 찾기

조용하고 조명이 너무 밝지 않은 공간을 찾는다. 자리에 앉아 내 그림자에 주의를 기울인다.

지금 무엇이 내 그림자를 자극하는가? _____

지금 무슨 생각이 드는가? _____

_____

지금 나는 어떤 감정을 느끼는가? _____

눈을 감고 내면의 목소리에 귀를 기울이자. 떠오르는 단어 세 개를 골라서 써본다. 그 단어마다 의미가 있다.

그 단어들에 정신을 집중하자. 마음속에 떠오르는 기억이나 이미지가 있는가? 내면의 아이와 관련이 있는지도 살펴보자.

_____

_____

_____

_____

내면의 아이를 적극적으로 받아들이고 아껴보기로 다짐하자.
이제 시작해보자.

나의 숨은 그림자 찾기

조용하고 조명이 너무 밝지 않은 공간을 찾는다. 자리에 앉아 내 그림자에 주의를 기울인다.

지금 무엇이 내 그림자를 자극하는가? _____

지금 무슨 생각이 드는가? _____

지금 나는 어떤 감정을 느끼는가? _____

눈을 감고 내면의 목소리에 귀를 기울이자. 떠오르는 단어 세 개를 골라서 써본다. 그 단어마다 의미가 있다.

그 단어들에 정신을 집중하자. 마음속에 떠오르는 기억이나 이미지가 있는가? 내면의 아이와 관련이 있는지도 살펴보자.

_____

_____

_____

_____

내면의 아이를 적극적으로 받아들이고 아껴보기로 다짐하자.
이제 시작해보자.

나의 숨은 그림자 찾기

조용하고 조명이 너무 밝지 않은 공간을 찾는다. 자리에 앉아 내 그림자에 주의를 기울인다.

지금 무엇이 내 그림자를 자극하는가? _____

지금 무슨 생각이 드는가? _____

_____

지금 나는 어떤 감정을 느끼는가? _____

눈을 감고 내면의 목소리에 귀를 기울이자. 떠오르는 단어 세 개를 골라서 써본다. 그 단어마다 의미가 있다.

그 단어들에 정신을 집중하자. 마음속에 떠오르는 기억이나 이미지가 있는가? 내면의 아이와 관련이 있는지도 살펴보자.

_____

_____

_____

_____

내면의 아이를 적극적으로 받아들이고 아껴보기로 다짐하자.
이제 시작해보자.

나의 숨은 그림자 찾기

조용하고 조명이 너무 밝지 않은 공간을 찾는다. 자리에 앉아 내 그림자에 주의를 기울인다.

지금 무엇이 내 그림자를 자극하는가? _____

지금 무슨 생각이 드는가? _____

_____

지금 나는 어떤 감정을 느끼는가? _____

눈을 감고 내면의 목소리에 귀를 기울이자. 떠오르는 단어 세 개를 골라서 써본다. 그 단어마다 의미가 있다.

그 단어들에 정신을 집중하자. 마음속에 떠오르는 기억이나 이미지가 있는가? 내면의 아이와 관련이 있는지도 살펴보자.

_____

_____

_____

내면의 아이를 적극적으로 받아들이고 아껴보기로 다짐하자.
이제 시작해보자.

나의 숨은 그림자 찾기

조용하고 조명이 너무 밝지 않은 공간을 찾는다. 자리에 앉아 내 그림자에 주의를 기울인다.

지금 무엇이 내 그림자를 자극하는가? _____

지금 무슨 생각이 드는가? _____

_____

지금 나는 어떤 감정을 느끼는가? _____

눈을 감고 내면의 목소리에 귀를 기울이자. 떠오르는 단어 세 개를 골라서 써본다. 그 단어마다 의미가 있다.

그 단어들에 정신을 집중하자. 마음속에 떠오르는 기억이나 이미지가 있는가? 내면의 아이와 관련이 있는지도 살펴보자.

_____

_____

_____

_____

내면의 아이를 적극적으로 받아들이고 아껴보기로 다짐하자.
이제 시작해보자.

나의 숨은 그림자 찾기

조용하고 조명이 너무 밝지 않은 공간을 찾는다. 자리에 앉아 내 그림자에 주의를 기울인다.

지금 무엇이 내 그림자를 자극하는가?

지금 무슨 생각이 드는가?

지금 나는 어떤 감정을 느끼는가?

눈을 감고 내면의 목소리에 귀를 기울이자. 떠오르는 단어 세 개를 골라서 써본다. 그 단어마다 의미가 있다.

그 단어들에 정신을 집중하자. 마음속에 떠오르는 기억이나 이미지가 있는가? 내면의 아이와 관련이 있는지도 살펴보자.

내면의 아이를 적극적으로 받아들이고 아껴보기로 다짐하자.
이제 시작해보자.

나의 숨은 그림자 찾기

조용하고 조명이 너무 밝지 않은 공간을 찾는다. 자리에 앉아 내 그림자에 주의를 기울인다.

지금 무엇이 내 그림자를 자극하는가? _____

지금 무슨 생각이 드는가? _____

_____

지금 나는 어떤 감정을 느끼는가? _____

눈을 감고 내면의 목소리에 귀를 기울이자. 떠오르는 단어 세 개를 골라서 써본다. 그 단어마다 의미가 있다.

그 단어들에 정신을 집중하자. 마음속에 떠오르는 기억이나 이미지가 있는가? 내면의 아이와 관련이 있는지도 살펴보자.

_____

_____

_____

_____

내면의 아이를 적극적으로 받아들이고 아껴보기로 다짐하자.
이제 시작해보자.

나의 숨은 그림자 찾기

조용하고 조명이 너무 밝지 않은 공간을 찾는다. 자리에 앉아 내 그림자에 주의를 기울인다.

지금 무엇이 내 그림자를 자극하는가? _____

지금 무슨 생각이 드는가? _____

_____

지금 나는 어떤 감정을 느끼는가? _____

눈을 감고 내면의 목소리에 귀를 기울이자. 떠오르는 단어 세 개를 골라서 써본다. 그 단어마다 의미가 있다.

그 단어들에 정신을 집중하자. 마음속에 떠오르는 기억이나 이미지가 있는가? 내면의 아이와 관련이 있는지도 살펴보자.

_____

_____

_____

_____

내면의 아이를 적극적으로 받아들이고 아껴보기로 다짐하자.
이제 시작해보자.

나의 숨은 그림자 찾기

조용하고 조명이 너무 밝지 않은 공간을 찾는다. 자리에 앉아 내 그림자에 주의를 기울인다.

지금 무엇이 내 그림자를 자극하는가? _____

지금 무슨 생각이 드는가? _____

_____

지금 나는 어떤 감정을 느끼는가? _____

눈을 감고 내면의 목소리에 귀를 기울이자. 떠오르는 단어 세 개를 골라서 써본다. 그 단어마다 의미가 있다.

그 단어들에 정신을 집중하자. 마음속에 떠오르는 기억이나 이미지가 있는가? 내면의 아이와 관련이 있는지도 살펴보자.

_____

_____

_____

_____

내면의 아이를 적극적으로 받아들이고 아껴보기로 다짐하자.
이제 시작해보자.

나의 숨은 그림자 찾기

조용하고 조명이 너무 밝지 않은 공간을 찾는다. 자리에 앉아 내 그림자에 주의를 기울인다.

지금 무엇이 내 그림자를 자극하는가? _____

지금 무슨 생각이 드는가? _____

_____

지금 나는 어떤 감정을 느끼는가? _____

눈을 감고 내면의 목소리에 귀를 기울이자. 떠오르는 단어 세 개를 골라서 써본다. 그 단어마다 의미가 있다.

그 단어들에 정신을 집중하자. 마음속에 떠오르는 기억이나 이미지가 있는가? 내면의 아이와 관련이 있는지도 살펴보자.

_____

_____

_____

_____

내면의 아이를 적극적으로 받아들이고 아껴보기로 다짐하자.
이제 시작해보자.

나의 숨은 그림자 찾기

조용하고 조명이 너무 밝지 않은 공간을 찾는다. 자리에 앉아 내 그림자에 주의를 기울인다.

지금 무엇이 내 그림자를 자극하는가? _____

지금 무슨 생각이 드는가? _____

_____

지금 나는 어떤 감정을 느끼는가? _____

눈을 감고 내면의 목소리에 귀를 기울이자. 떠오르는 단어 세 개를 골라서 써본다. 그 단어마다 의미가 있다.

그 단어들에 정신을 집중하자. 마음속에 떠오르는 기억이나 이미지가 있는가? 내면의 아이와 관련이 있는지도 살펴보자.

_____

_____

_____

_____

내면의 아이를 적극적으로 받아들이고 아껴보기로 다짐하자.
이제 시작해보자.

나의 숨은 그림자 찾기

조용하고 조명이 너무 밝지 않은 공간을 찾는다. 자리에 앉아 내 그림자에 주의를 기울인다.

지금 무엇이 내 그림자를 자극하는가? _____

지금 무슨 생각이 드는가? _____

_____

지금 나는 어떤 감정을 느끼는가? _____

눈을 감고 내면의 목소리에 귀를 기울이자. 떠오르는 단어 세 개를 골라서 써본다. 그 단어마다 의미가 있다.

그 단어들에 정신을 집중하자. 마음속에 떠오르는 기억이나 이미지가 있는가? 내면의 아이와 관련이 있는지도 살펴보자.

_____

_____

_____

_____

내면의 아이를 적극적으로 받아들이고 아껴보기로 다짐하자.
이제 시작해보자.

나의 숨은 그림자 찾기

조용하고 조명이 너무 밝지 않은 공간을 찾는다. 자리에 앉아 내 그림자에 주의를 기울인다.

지금 무엇이 내 그림자를 자극하는가? _____

지금 무슨 생각이 드는가? _____

_____

지금 나는 어떤 감정을 느끼는가? _____

눈을 감고 내면의 목소리에 귀를 기울이자. 떠오르는 단어 세 개를 골라서 써본다. 그 단어마다 의미가 있다.

그 단어들에 정신을 집중하자. 마음속에 떠오르는 기억이나 이미지가 있는가? 내면의 아이와 관련이 있는지도 살펴보자.

_____

_____

_____

_____

내면의 아이를 적극적으로 받아들이고 아껴보기로 다짐하자.
이제 시작해보자.

나의 숨은 그림자 찾기

조용하고 조명이 너무 밝지 않은 공간을 찾는다. 자리에 앉아 내 그림자에 주의를 기울인다.

지금 무엇이 내 그림자를 자극하는가? _____

지금 무슨 생각이 드는가? _____
_____

지금 나는 어떤 감정을 느끼는가? _____

눈을 감고 내면의 목소리에 귀를 기울이자. 떠오르는 단어 세 개를 골라서 써본다. 그 단어마다 의미가 있다.

그 단어들에 정신을 집중하자. 마음속에 떠오르는 기억이나 이미지가 있는가? 내면의 아이와 관련이 있는지도 살펴보자.

_____

_____

_____

_____

내면의 아이를 적극적으로 받아들이고 아껴보기로 다짐하자.
이제 시작해보자.

나의 숨은 그림자 찾기

조용하고 조명이 너무 밝지 않은 공간을 찾는다. 자리에 앉아 내 그림자에 주의를 기울인다.

지금 무엇이 내 그림자를 자극하는가? _____

지금 무슨 생각이 드는가? _____

_____

지금 나는 어떤 감정을 느끼는가? _____

눈을 감고 내면의 목소리에 귀를 기울이자. 떠오르는 단어 세 개를 골라서 써본다. 그 단어마다 의미가 있다.

그 단어들에 정신을 집중하자. 마음속에 떠오르는 기억이나 이미지가 있는가? 내면의 아이와 관련이 있는지도 살펴보자.

_____

_____

_____

내면의 아이를 적극적으로 받아들이고 아껴보기로 다짐하자.
이제 시작해보자.

나의 숨은 그림자 찾기

조용하고 조명이 너무 밝지 않은 공간을 찾는다. 자리에 앉아 내 그림자에 주의를 기울인다.

지금 무엇이 내 그림자를 자극하는가? _____

지금 무슨 생각이 드는가? _____

_____

지금 나는 어떤 감정을 느끼는가? _____

눈을 감고 내면의 목소리에 귀를 기울이자. 떠오르는 단어 세 개를 골라서 써본다. 그 단어마다 의미가 있다.

그 단어들에 정신을 집중하자. 마음속에 떠오르는 기억이나 이미지가 있는가? 내면의 아이와 관련이 있는지도 살펴보자.

_____

_____

_____

_____

내면의 아이를 적극적으로 받아들이고 아껴보기로 다짐하자.
이제 시작해보자.

나의 숨은 그림자 찾기

조용하고 조명이 너무 밝지 않은 공간을 찾는다. 자리에 앉아 내 그림자에 주의를 기울인다.

지금 무엇이 내 그림자를 자극하는가? _____

지금 무슨 생각이 드는가? _____

_____

지금 나는 어떤 감정을 느끼는가? _____

눈을 감고 내면의 목소리에 귀를 기울이자. 떠오르는 단어 세 개를 골라서 써본다. 그 단어마다 의미가 있다.

그 단어들에 정신을 집중하자. 마음속에 떠오르는 기억이나 이미지가 있는가? 내면의 아이와 관련이 있는지도 살펴보자.

_____

_____

_____

내면의 아이를 적극적으로 받아들이고 아껴보기로 다짐하자.
이제 시작해보자.

나의 숨은 그림자 찾기

조용하고 조명이 너무 밝지 않은 공간을 찾는다. 자리에 앉아 내 그림자에 주의를 기울인다.

지금 무엇이 내 그림자를 자극하는가? _____

지금 무슨 생각이 드는가? _____

_____

지금 나는 어떤 감정을 느끼는가? _____

눈을 감고 내면의 목소리에 귀를 기울이자. 떠오르는 단어 세 개를 골라서 써본다. 그 단어마다 의미가 있다.

그 단어들에 정신을 집중하자. 마음속에 떠오르는 기억이나 이미지가 있는가? 내면의 아이와 관련이 있는지도 살펴보자.

_____

_____

_____

_____

내면의 아이를 적극적으로 받아들이고 아껴보기로 다짐하자.
이제 시작해보자.

나의 숨은 그림자 찾기

조용하고 조명이 너무 밝지 않은 공간을 찾는다. 자리에 앉아 내 그림자에 주의를 기울인다.

지금 무엇이 내 그림자를 자극하는가? _____

지금 무슨 생각이 드는가? _____

_____

지금 나는 어떤 감정을 느끼는가? _____

눈을 감고 내면의 목소리에 귀를 기울이자. 떠오르는 단어 세 개를 골라서 써본다. 그 단어마다 의미가 있다.

그 단어들에 정신을 집중하자. 마음속에 떠오르는 기억이나 이미지가 있는가? 내면의 아이와 관련이 있는지도 살펴보자.

_____

_____

_____

_____

내면의 아이를 적극적으로 받아들이고 아껴보기로 다짐하자.
이제 시작해보자.

나의 숨은 그림자 찾기

조용하고 조명이 너무 밝지 않은 공간을 찾는다. 자리에 앉아 내 그림자에 주의를 기울인다.

지금 무엇이 내 그림자를 자극하는가? _____

지금 무슨 생각이 드는가? _____

_____

지금 나는 어떤 감정을 느끼는가? _____

눈을 감고 내면의 목소리에 귀를 기울이자. 떠오르는 단어 세 개를 골라서 써본다. 그 단어마다 의미가 있다.

그 단어들에 정신을 집중하자. 마음속에 떠오르는 기억이나 이미지가 있는가? 내면의 아이와 관련이 있는지도 살펴보자.

_____

_____

_____

_____

내면의 아이를 적극적으로 받아들이고 아껴보기로 다짐하자.
이제 시작해보자.

나의 숨은 그림자 찾기

조용하고 조명이 너무 밝지 않은 공간을 찾는다. 자리에 앉아 내 그림자에 주의를 기울인다.

지금 무엇이 내 그림자를 자극하는가? _____

지금 무슨 생각이 드는가? _____

_____

지금 나는 어떤 감정을 느끼는가? _____

눈을 감고 내면의 목소리에 귀를 기울이자. 떠오르는 단어 세 개를 골라서 써본다. 그 단어마다 의미가 있다.

그 단어들에 정신을 집중하자. 마음속에 떠오르는 기억이나 이미지가 있는가? 내면의 아이와 관련이 있는지도 살펴보자.

_____

_____

_____

_____

내면의 아이를 적극적으로 받아들이고 아껴보기로 다짐하자.
이제 시작해보자.

나의 숨은 그림자 찾기

조용하고 조명이 너무 밝지 않은 공간을 찾는다. 자리에 앉아 내 그림자에 주의를 기울인다.

지금 무엇이 내 그림자를 자극하는가? _____

지금 무슨 생각이 드는가? _____

지금 나는 어떤 감정을 느끼는가? _____

눈을 감고 내면의 목소리에 귀를 기울이자. 떠오르는 단어 세 개를 골라서 써본다. 그 단어마다 의미가 있다.

그 단어들에 정신을 집중하자. 마음속에 떠오르는 기억이나 이미지가 있는가? 내면의 아이와 관련이 있는지도 살펴보자.

_____

_____

_____

내면의 아이를 적극적으로 받아들이고 아껴보기로 다짐하자.
이제 시작해보자.

나의 숨은 그림자 찾기

조용하고 조명이 너무 밝지 않은 공간을 찾는다. 자리에 앉아 내 그림자에 주의를 기울인다.

지금 무엇이 내 그림자를 자극하는가? _____

지금 무슨 생각이 드는가? _____

_____

지금 나는 어떤 감정을 느끼는가? _____

눈을 감고 내면의 목소리에 귀를 기울이자. 떠오르는 단어 세 개를 골라서 써본다. 그 단어마다 의미가 있다.

그 단어들에 정신을 집중하자. 마음속에 떠오르는 기억이나 이미지가 있는가? 내면의 아이와 관련이 있는지도 살펴보자.

_____

_____

_____

_____

내면의 아이를 적극적으로 받아들이고 아껴보기로 다짐하자.
이제 시작해보자.

나의 숨은 그림자 찾기

조용하고 조명이 너무 밝지 않은 공간을 찾는다. 자리에 앉아 내 그림자에
주의를 기울인다.

지금 무엇이 내 그림자를 자극하는가? _____

지금 무슨 생각이 드는가? _____

_____

지금 나는 어떤 감정을 느끼는가? _____

눈을 감고 내면의 목소리에 귀를 기울이자. 떠오르는 단어 세 개를 골라서
써본다. 그 단어마다 의미가 있다.

그 단어들에 정신을 집중하자. 마음속에 떠오르는 기억이나 이미지가 있
는가? 내면의 아이와 관련이 있는지도 살펴보자.

_____

_____

_____

_____

내면의 아이를 적극적으로 받아들이고 아껴보기로 다짐하자.
이제 시작해보자.

나의 숨은 그림자 찾기

조용하고 조명이 너무 밝지 않은 공간을 찾는다. 자리에 앉아 내 그림자에 주의를 기울인다.

지금 무엇이 내 그림자를 자극하는가? _____

지금 무슨 생각이 드는가? _____

_____

지금 나는 어떤 감정을 느끼는가? _____

눈을 감고 내면의 목소리에 귀를 기울이자. 떠오르는 단어 세 개를 골라서 써본다. 그 단어마다 의미가 있다.

그 단어들에 정신을 집중하자. 마음속에 떠오르는 기억이나 이미지가 있는가? 내면의 아이와 관련이 있는지도 살펴보자.

_____

_____

_____

_____

내면의 아이를 적극적으로 받아들이고 아껴보기로 다짐하자.
이제 시작해보자.

나의 숨은 그림자 찾기

조용하고 조명이 너무 밝지 않은 공간을 찾는다. 자리에 앉아 내 그림자에 주의를 기울인다.

지금 무엇이 내 그림자를 자극하는가?

지금 무슨 생각이 드는가?

지금 나는 어떤 감정을 느끼는가?

눈을 감고 내면의 목소리에 귀를 기울이자. 떠오르는 단어 세 개를 골라서 써본다. 그 단어마다 의미가 있다.

그 단어들에 정신을 집중하자. 마음속에 떠오르는 기억이나 이미지가 있는가? 내면의 아이와 관련이 있는지도 살펴보자.

내면의 아이를 적극적으로 받아들이고 아껴보기로 다짐하자.
이제 시작해보자.

나의 숨은 그림자 찾기

조용하고 조명이 너무 밝지 않은 공간을 찾는다. 자리에 앉아 내 그림자에 주의를 기울인다.

지금 무엇이 내 그림자를 자극하는가? _____

지금 무슨 생각이 드는가? _____

_____

지금 나는 어떤 감정을 느끼는가? _____

눈을 감고 내면의 목소리에 귀를 기울이자. 떠오르는 단어 세 개를 골라서 써본다. 그 단어마다 의미가 있다.

그 단어들에 정신을 집중하자. 마음속에 떠오르는 기억이나 이미지가 있는가? 내면의 아이와 관련이 있는지도 살펴보자.

_____

_____

_____

_____

내면의 아이를 적극적으로 받아들이고 아껴보기로 다짐하자.
이제 시작해보자.

나의 숨은 그림자 찾기

조용하고 조명이 너무 밝지 않은 공간을 찾는다. 자리에 앉아 내 그림자에 주의를 기울인다.

지금 무엇이 내 그림자를 자극하는가? _____

지금 무슨 생각이 드는가? _____

_____

지금 나는 어떤 감정을 느끼는가? _____

눈을 감고 내면의 목소리에 귀를 기울이자. 떠오르는 단어 세 개를 골라서 써본다. 그 단어마다 의미가 있다.

그 단어들에 정신을 집중하자. 마음속에 떠오르는 기억이나 이미지가 있는가? 내면의 아이와 관련이 있는지도 살펴보자.

_____

_____

_____

_____

내면의 아이를 적극적으로 받아들이고 아껴보기로 다짐하자.
이제 시작해보자.

나의 숨은 그림자 찾기

조용하고 조명이 너무 밝지 않은 공간을 찾는다. 자리에 앉아 내 그림자에 주의를 기울인다.

지금 무엇이 내 그림자를 자극하는가? _____

지금 무슨 생각이 드는가? _____

_____

지금 나는 어떤 감정을 느끼는가? _____

눈을 감고 내면의 목소리에 귀를 기울이자. 떠오르는 단어 세 개를 골라서 써본다. 그 단어마다 의미가 있다.

그 단어들에 정신을 집중하자. 마음속에 떠오르는 기억이나 이미지가 있는가? 내면의 아이와 관련이 있는지도 살펴보자.

_____

_____

_____

내면의 아이를 적극적으로 받아들이고 아껴보기로 다짐하자.
이제 시작해보자.

나의 숨은 그림자 찾기

조용하고 조명이 너무 밝지 않은 공간을 찾는다. 자리에 앉아 내 그림자에 주의를 기울인다.

지금 무엇이 내 그림자를 자극하는가?

지금 무슨 생각이 드는가?

지금 나는 어떤 감정을 느끼는가?

눈을 감고 내면의 목소리에 귀를 기울이자. 떠오르는 단어 세 개를 골라서 써본다. 그 단어마다 의미가 있다.

그 단어들에 정신을 집중하자. 마음속에 떠오르는 기억이나 이미지가 있는가? 내면의 아이와 관련이 있는지도 살펴보자.

내면의 아이를 적극적으로 받아들이고 아껴보기로 다짐하자.
이제 시작해보자.

참고 자료

- 젠풀노트 스마트폰 어플리케이션^{zenfulnote App}

감정을 자극하는 요소와 감정 상태를 추적해서 기록하는 가상 공간이다. 마음을 직접 탐구할 수 있는 자기 치유와 그림자 탐구 관련 길잡이 질문, 연습, 학습 자료가 제공된다.

- 미국 국립정신건강연구소

정부 지원으로 운영되는 연구소이며, 다양한 정신건강 문제에 관한 정보와 자료를 제공한다.

- 미국 심리학회

심리학자들로 구성된 전문 조직이다. 정신건강 분야 전문가와 일반 대중을 위한 정보와 자료를 제공한다.

- 사이콜로지 투데이^{Psychology Today}(Psychologytoday.com/us)

관련 사이트들을 찾을 수 있는 디렉터리^{directory} 사이트다. 거주지가 미국이라면 지역별로 또는 치료, 심리 상담 같은 서비스 유형별로 필요한 사이트를 검색할 수 있다.

- 미국 전국정신질환연맹

정신질환을 겪고 있는 사람들을 지원, 교육하고 대변하는 시민 단체다.

- 우울증·양극성장애연맹

우울증과 양극성 장애를 겪으며 사는 사람들을 지원, 교육하고 대변하는 전국적인 단체다.

- **우울증 프로젝트** The Depression Project

우울증을 겪고 있는 사람들에게 자료, 지원을 제공하는 온라인 커뮤니다.

- **테라피 포 블랙 걸스** Therapy for Black Girls

흑인 여성들이 공인 정신건강 서비스 제공자들의 도움을 받을 수 있도록 도와주고 관련 자료를 제공하는 온라인 사이트다.

- **테라피 포 라틴엑스** Therapy for LatinX (www.therapyforlatinx.com)

'라틴 엑스'라 불리는 치료사들, 이들과 협력하는 사람들, 라틴아메리카 사람들에게 필요한 치료를 잘 아는 사람들이 운영하는 데이터베이스다.

- **토크스페이스** Talkspace

우울증, 다른 정신건강 문제를 겪고 있는 사람들에게 치료를 제공하는 온라인 치료 플랫폼이다.

- **배러헬프** BetterHelp

우울증을 비롯한 정신건강 문제를 겪는 사람들에게 치료를 제공하는 온라인 치료 플랫폼이다.

- **미국 불안증·우울증협회**

불안증, 우울증을 비롯해 관련 문제를 겪고 있는 사람들에게 교육과 지원을 제공하고 그들을 대변하는 비영리 단체다.

- **어드밴스드 힐링 웰니스 센터** Advanced Healing Wellness Center

전체론적 원칙으로 건강과 행복을 찾도록 돕는다. 몸, 감정, 정신, 영양, 영적인 부분의 통합을 통해 내·외적인 균형의 회복을 추구한다.

앱 다운로드

QR 코드를 스캔하세요

기술과 내적 변화의 만남

▶ 감정을 자극하는 요인 추적하기

▶ 기분을 점검하기

▶ 내면 탐구를 위한 질문에 답하기

▶ 치유에 도움을 주는 방법 실천하기

▶ 오랫동안 반복된 감정 패턴 살펴보기

제효영

성균관대학교 유전공학과와 성균관대학교 번역대학원을 졸업했다. 옮긴 책으로는 《몸은 기억한다》, 《과학이 사랑에 대해 말해줄 수 있는 모든 것》, 《버자이너》, 《우울에서 벗어나는 46가지 방법》, 《펭귄들의 세상은 내가 사는 세상이다》, 《또 화내고 늘 후회하고 있다면》, 《생각이 나를 괴롭힐 때》 등이 있다.

섀도 워크 저널

첫판 1쇄 펴낸날 2024년 7월 16일

지은이 카일라 샤힌
발행인 조한나
편집인 김수진
책임편집 박혜인
편집기획 김교석 유승연 문해림 김유진 곽세라 전하연 조정현
디자인 한승연 성윤정
경영지원국 안정숙
마케팅 문창운 백윤진 박희원
회계 임옥희 양여진 김주연

펴낸곳 (주)도서출판 푸른숲
출판등록 2003년 12월 17일 제2003-000032호
주소 서울특별시 마포구 토정로 35-1 2층, 우편번호 04083
전화 02)6392-7871, 2(마케팅부), 02)6392-7873(편집부)
팩스 02)6392-7875
홈페이지 www.prunsoop.co.kr
페이스북 www.facebook.com/prunsoop   **인스타그램** @prunsoop

ⓒ푸른숲, 2024
ISBN 979-11-7254-011-1(03190)